「やせてる人」の習慣、ぜんぶ集めました。

工藤孝文［監修］
ホームライフ取材班［編］

青春新書
PLAYBOOKS

「やせてる人の習慣」をマネするだけで、スリムになっていく！

やせたいとは思っているものの、なかなか体重を減らせない。ダイエットをはじめても、ほどなくイヤになって挫折してしまう。

こうした人がたくさんいる一方、何歳になってもスリムな体型を維持している人や、ダイエットに無理なく成功する人がいるのはなぜだろう。

太っている人とやせている人の違いはどこにあるのか？　普段の食事のとり方なのか、カロリー消費の仕方なのか、それともほかに決め手があるのか？　本書では、両者の違いは何気ない生活習慣にあると考え、暮らしのなかで無理なく実践できる「やせてる人の習慣」を徹底調査した。

食べものの選び方や食事の仕方、運動のコツ、太らないお酒の飲み方やおやつの食べ方、食べ過ぎないように脳を操作する秘策、ダイエットが長続きするコツ、食べても太らない腸内環境の作り方など、幅広い方向から128項目をピックアップ。これらの習慣をマネるだけで、体重はしだいに減り、やせてる人に変身できるはずだ。

「やせてる人」の習慣、ぜんぶ集めました。

part 1

やせてる人の「秘密」の習慣、ぜんぶ集めました。

part 2 やせてる人の「脳」を操る習慣、ぜんぶ集めました。

part 3

やせてる人の「食べ方」の習慣、ぜんぶ集めました。

part 4

やせてる人の「食べもの」の習慣、ぜんぶ集めました。

part 5
やせてる人の「運動」の習慣、ぜんぶ集めました。

part 6 やせてる人の「お酒とおやつ」の習慣、ぜんぶ集めました。

part 7 やせてる人の「腸」を元気にする習慣、ぜんぶ集めました。

part 8

やせられた人の「ダイエット」の習慣、ぜんぶ集めました。

part 9 太っている人のNG習慣、ぜんぶ集めました。

本文デザイン／青木佐和子
編集協力／編集工房リテラ（田中浩之）

part 1

やせてる人の「秘密」の習慣、ぜんぶ集めました。

やせてる人と太っている人は、
日ごろの行動がまったく違う。
やせてる人が心がけている
秘密の習慣をマネすれば、
ほら、どんどんやせていく！

やせてるのにスイーツ好き!? その秘密は、食べる時間にあった！

ダイエットにつきものなのが、好きなものを制限されるというストレス。そして、ダイエットの大敵もこうしたストレスだ。

好きな甘いものを食べられないと、それがストレスになってイライラが募っていく。そうなると、体はイライラを沈めようとして、「幸せホルモン」のセロトニンの量を増やそうとする。その分泌を促す手っ取り早い方法が、甘いものを食べること。ストレスがあるとき、お菓子やケーキを食べたくなるのはこのためだ。

やせている人は、こうしたストレスからくるイライラを上手になだめている。意外にも、甘いおやつをときどき食べているのだ。

体のメカニズムからいって、甘いものを我慢し過ぎると、ついには爆発してドカ食いをしかねない。そこで、ときには欲求にしたがい、おやつを食べるのは悪いことではないのだ。けれども、食べたいときにすぐに口にしてはいけない。それでは肥満に向かって、まっしぐらに突き進んでしまう。お菓子に手がしょっちゅう伸びている人に、やせている人がいるはずがない。

甘いものを食べるのであれば、午後2時前後の短い間に限る。脂肪がエネルギーとして使われるのを抑える肥満遺伝子、「BMAL1（ビーマルワン）」の量は1日の中で大きく変動し、午後2時あたりが最も少なくなる。

つまり、この短い時間帯なら、食べたものが脂肪に最も変化しにくい。甘いものを食べても、ダメージを極力少なくできるわけだ。とはいっても、もちろん大量に食べるのは禁物だ。

間食を交えると、次の食事での太りやすさを抑える効果があるともいわれる。空腹を感じる時間が短くなると、食べたときに血糖値が上昇しにくく、脂肪が作られにくいとされているからだ。

こうした効果も、おやつを夕食後に食べては得ることができない。おやつは午後2時ごろ、せいぜい3時までに少量を食べるようにしよう。

やせてる人はスイーツを食べるとき、ブラックコーヒーといっしょに味わう

甘いものを完全に遠ざけると、欲求不満からストレスがたまっていく。スイーツを毎日食べるのは良くないが、ときどき味わうほうが心の健康のためにはいい。

とはいえ、食べたものが脂肪に変わるのはできるだけ防ぎたい。そこで、スイーツ好きなのにスリムな人は、コーヒーといっしょに味わっている。じつは、コーヒーは太りたくない人にぴったりの飲み物なのだ。

肥満防止に関して、コーヒーで注目したい有効成分はクロロゲン酸。抗酸化作用の高いポリフェノールの一種で、体内に入ると血糖値を下げるように働く。このため、コーヒーを飲みながらだと、スイーツを食べても血糖値が急上昇しにくいのだ。

ただし、コーヒーに砂糖を入れると、血糖値上昇効果が加わるので、ブラックかミルクを加えるだけで飲むようにしよう。

水分が足りないと太りやすい体に…だから、あの人は水を1日何回も飲んでいた！

人間は何も食べなくても、体に蓄えた脂肪などを燃やしてエネルギーを得て、数週間は生きていられる。しかし、水を一滴も飲まないでいると、わずか数日のうちに生命の危機に陥る。

人間の体の55〜60%は水分。なかでも脳をはじめ、肝臓や腸などの臓器、筋肉などは80%ほどが水分で占められている。体にとって最重要成分なので、毎日、水を補給することが欠かせないのだ。

太らない体を保つためにも、水はとても重要だ。水分が不足すると、血液がドロドロになって血流が悪くなる。この状態が続くと、酸素の供給や二酸化炭素の回収がとどこおりがちになり、代謝が低下して太りやすくなってしまう。このメカニズムを理解している人は、やせるために意識して水を飲んでいる。

では、健康で太らない体を維持するために、毎日、どれほどの量の水が必要なのか。尿や便、汗などによって排出する水分は1日におよそ2・5ℓ。一方、供給されるのは、食事に含まれる約1ℓの水分と、化学反応によって体内でできる0・3ℓほどの代謝水。単純計算すると、足りない水分は残り約1・2ℓということになる。この量の水を飲んで補うと、プラスとマイナスの帳尻が合うわけだ。

ただし、大量の水を一気に補給しようとしてはいけない。人間が一度に吸収できる水の量は、コップ1杯分ほどの200㎖程度。このため、適量を1日数回に分けて飲む必要がある。

飲むタイミングとしては、起床後すぐ、朝食前、昼食前、夕食前、入浴前後、就寝前といった具合に、適度なインターバルを開けるようにしよう。食事の前に飲むのは、まず胃に水を補給しておいて、食べ過ぎを防ごうとするためだ。

なお、この飲み水にコーヒーやお酒は入らない。利尿作用があるため、飲料としてカウントできないばかりか、逆に水を補充する必要がある。コーヒーやお酒を飲んだ場合は、同じ分量の水を補給しておこう。

背筋がピンとしているデ〇がいないのは、深い呼吸と深～い関係が！

標準体重をオーバーしている人には、背中が丸まっている猫背が多い。やせている人はその逆で、背筋がピンと伸びている人が大半を占めている。

じつは、姿勢と太りやすさには強い関連性がある。脂肪を燃焼するには酸素がたっぷり必要だからだ。猫背の姿勢を取っていると、胸が圧迫されているので深い呼吸ができない。このため、体内で脂肪をうまく燃やせなくなってしまう。

これに対して、背筋が伸びて胸が開いていると、とくに意識しなくても呼吸は深くなる。酸素を十分とり入れることができるので、脂肪がよく燃えるというわけだ。

深い呼吸をしていると、自律神経がよく整って、ストレスに対する耐性が強くなるというメリットもある。やせたいのなら、深い呼吸は必要不可欠。意識して猫背を直し、姿勢を良くするようにしよう。

ガムをよく噛む人は太らない！
リズミカルな刺激で「幸せホルモン」が分泌

よくガムを噛む人はやせている。こう聞いても、なかなか信じることはできないかもしれないが、体のメカニズムから考えて十分あり得る話だ。

甘いものに対する欲求を抑えるには、セロトニンを脳に働かせるのが効果的。その分泌を増やすための方法のひとつとして、リズミカルな運動がある。とはいえ、毎日縄跳びをしたり、ダンスを踊ったりするのは無理……という人も多いだろう。そういった人こそ、ガムをリズム良く噛むようにしよう。

同じリズムで噛んでいるうちに、セロトニンが分泌されて幸せ気分になり、甘いものをほしがる気持ちが薄れていく。1枚2〜4㎉なので、食べても肥満につながることはない。それどころか、ガムを15分噛むと6〜8㎉を消費できるという研究もある。甘いものを食べたくなったら、まずガムを噛むことを習慣にしてみよう。

スリムな人が自然に選んでしまう、幸せホルモンの分泌を促す「色」がある

メモ書きするペンが青インク。職場にそういった同僚がいたら、青色が食欲に働きかける力を知っているのかもしれない。

じつは青い色を見るだけで、なぜだか心が落ち着いて、緊張感がほぐれていく。これは自律神経に働きかけて、体温を下げるからだと説明されることもある。体温が下がると体の機能が低下し、食欲も減退して食べ過ぎないという理屈だ。

また、青色にはホルモンのセロトニンの分泌を促す働きもある。セロトニンは夜になるとメラトニンに変わって眠気を誘う。この意味から、青色を見るとよく眠れて、太りにくい体になれる可能性もありそうだ。

部屋を青色でコーディネートしたり、ブルーのハンカチを使ったりと、普段から青色が目につくようにしてはどうだろう。

やせてる人のお茶碗は小さめ。脳が「大盛りだ！」とカン違いして大満足

ああ、よく食べた、もうおなかがいっぱい……食後に味わうこの満腹感は、じつは食べる量とは関係ないことを知っているだろうか。

アメリカのコーネル大学が行った興味深い研究を紹介しよう。減ったら自動的に給仕される皿でスープを飲むと、どういう反応が示されるのかを試した実験だ。結果、普通の皿で飲んだ人と比べて1・7倍も多く飲み、それなのに満腹感を覚えなかった。ここから、満腹感とは食べた量とは無関係で、皿が空っぽになったときに脳がそう感じるのではないかと推察された。

この研究成果を応用してみてはどうだろう。茶碗を小さめのものに変えてみるのだ。いつもより少ない量のごはんを盛っても、何だか大盛りっぽく見えるので、脳は錯覚して満足する可能性が高い。試す価値が大いにあるとっておきのテクニックだ。

料理が少し残りそうなとき、やせてる人が迷わずとる行動とは

「もったいない」と思う気持ちは大切だ。しかし、体重をコントロールしたいときだけは、その気持ちを優先しないほうがいい。

食事中、大分おなかがいっぱいになってきたな……こう思っても、まだ皿に残っているものがあるから最後まで食べる。こういった食習慣を続けていると、いつまでたってもやせられるわけがない。「ちょっと待て、そのひと口がデブのもと」と、冗談ぽくいう格言らしきものがあるが、それは本当だ。少しでも満腹感を覚えてからのひと口は、まさに余計なエネルギー摂取といえる。

とはいえ、せっかく作った料理を捨てるのは忍びない。そこで、満腹になったらすぐに食べるのをやめて、冷蔵庫に入れて保存しよう。これを習慣にするだけで、日々のエネルギー摂取量は随分変わってくる可能性がある。

やせてる人は夕食後、さっさと歯磨き。口がさっぱり！ お菓子や夜食はもういらない

Aさんは夕食後、だらだら過ごして、寝る直前になってからようやく歯磨きをする。一方、Bさんは夕食を済ませたらすぐに歯を磨く。両者のうち、やせているのはもちろんBさんだ。

夕食後の歯磨きは、食べてからすぐ行うほうがいい。歯を磨いたら、そのあとでお菓子や夜食を食べようという気にはならないからだ。また何かを口に入れたら、再度、歯磨きしなければならなくなってしまう。

眠る直前に歯磨きをすると、歯ブラシや歯磨き粉の刺激によって、交感神経が優位になって眠気が飛ぶ可能性もある。少なくとも、就寝の1時間前までには済ませておきたいものだ。夕食後、入浴しているときに歯磨きをするのもいいだろう。ただし、食後すぐの入浴は消化・吸収に良くないので、1時間程度はインターバルを置こう。

食事の前に、こっそり刺激しているかも。食べ過ぎ予防の「ツボ」がある！

最近、妙におなかが出てきたのは、つい食べ過ぎてしまうからに違いない。こう思う人は、東洋医学の不思議な力を借りてみるのもいい。空腹感に関係する「ツボ」を押してみるのだ。

なかでも代表的なツボが「飢点《きてん》」。過剰な食欲を抑えて、食べ過ぎを防ぐ効果が得られるという。刺激する場所は、耳の穴のすぐ前にある小さなふくらみの斜め下。人差し指をここに当てて、1～2分間、気持ち良さを感じる程度の強さで押し続ける。左右のツボを同時に押すと、より効果的だ。

刺激が食欲を抑えるまで少し時間がかかるので、食事をとる15分前くらいに押すようにしよう。普段よりも、なぜだか食欲が抑えられて、食べ過ぎを防ぐことができるだろう。

おやつタイムに、こっそり刺激してるかも。食欲を抑える「ツボ」がある！

午後の3時や4時、あるいは夕食後。何だか口寂しくて、お菓子に手が伸びそうになるが、ここはぐっと我慢。しかし、やっぱり食べたい……。こういったとき、やせている人は東洋医学の力を借りる。

なぜだか食欲を抑えてくれるのが、「胃・脾《ひ》・大腸区」というやや奇妙な名前のツボ。手のひらの人差し指のつけ根から手首にかけて伸びる深いシワ、生命線に沿った部分にある。この生命線沿いをギュッとつねりながら、端から端から端まで2〜3分かけて移動していこう。

少し赤くなる程度まで、かなり強い刺激を与えるようにするのがポイントだ。この「胃・脾・大腸区」はくせ者のツボで、優しくもむような刺激しかないと、かえって食欲を刺激してしまう。ここだけを注意して行おう。

「ハンバーガー」ではなく、なぜ「ハンバーグ定食」を選ぶのか

ハンバーガーとハンバーグ定食のどちらが好きか。アンケートを取ってみたら、太っている人はハンバーガーを好み、やせている人はハンバーグ定食を選ぶ、という結果になるかもしれない。

太らないためにはよく噛んで、時間をかけて食べることが大切。あまり噛む必要のないハンバーガーをよく食べている人は、太っている可能性が高いというわけだ。やせたいのであれば、すぐに飲め込めない硬めの料理にシフトしていこう。食べやすいハンバーガーではなくハンバーグ定食に、カツ丼ではなくシャキシャキのキャベツを添えたヒレカツ定食にといった具合だ。

丼物に根菜料理や漬物の小鉢をプラスするだけでも、噛む回数は大分違ってくる。食べ過ぎにつながる早食いをなくすため、工夫して食べる時間を長くしてみよう。

タイムリミットは48時間！食べ過ぎた翌日、やせてる人がやっていること

ストレス発散のためにやけ食いしてしまった。あるいは連日、断れない飲み会に参加した。こうして、つい食べ過ぎてしまったとき、太りたくないのであれば、手をこまねいていてはいけない。

そのやけ食いした甘いスイーツ、飲み会の脂っぽい料理やシメのラーメンは、食べたあとですぐに脂肪に変わるわけではない。とり過ぎた糖質や脂質が中性脂肪に変化し、肝臓に蓄えられるまでには48時間かかるのだ。

やせている人はこういったとき、ダメージを最小限にとどめるべく、翌朝からしばらく粗食を心がける。脂肪の代謝を促進するため、そうした働きのある酢やヨーグルト、卵などを積極的に食べるのも効果的だ。48時間は短いようでけっこう長い。この間、太らないためにやるべきことはたくさんある。

やせてる人には常識だった!?「ゆる断食」で体重コントロール

よくいっしょにランチを食べたり、飲みに行ったりする同僚。食べる量を抑えている様子は全然ないのに、中年太りの自分とは見た目が大違い。若いときと変わらず、スマートですっきりした体型をキープしている——。こういった人は、じつはこっそり、定期的に「ゆる断食」を実行しているのかもしれない。

断食の間はエネルギーを摂取しないのだから、体重は目に見えて減っていく。これは当然のことだが、断食で得られるのはそうした直接的な効果だけではない。

慶応義塾大学によるマウスを使った興味深い研究がある。1つのグループには通常のエサを与え、もう1つのグループには通常のエサやりと断食を3日間ずつ交互に繰り返した実験だ。

1か月後、エサやりの仕方を変えて、ともに高カロリーのエサを与えるようにしたところ、その後の両グループの体重増加に大きな変化があった。断食を繰り返したグループは、通常のエサを食べていたグループに比べて、体重の増加が13％も抑えられたのだ。しかも、こうした体重抑制効果は3か月以上も失われなかった。

断食の効き目はこれだけではない。金沢大学の研究では、摂取カロリーを25％制限した食生活を7週間続けたところ、老化を抑えようと働く「サーチュイン遺伝子」が活性化していることを突き止めた。ダイエット効果に加えて、体の若返りにも有効というわけだ。

こうしたうれしい効果を得るため、月に1回程度、断食にトライしてみてはどうだろう。1日試してみて体調を崩さなければ、2日連続で何も食べないようにしてみる。もちろん、水分は十分補給することが大切だ。

完全に断食するのは辛いのなら、週のうち2日間は通常の摂取エネルギーの4分1程度、男性なら600kcal、女性は500kcal程度に抑え、残りの5日間はいつもと変わらない食事をとる「5対2ダイエット」といわれる食事制限もいいだろう。自分に合った方法を見つけてみよう。

布団に入る1～2時間前にやっている、体型を維持する習慣とは？

睡眠時間が不足していると、食欲を加速化させるホルモンが盛んに分泌され、体重の増加につながってしまう。寝つきを良くするには、じつはお風呂の入り方が大切。眠気を招く入浴の仕方を心がけたら、だんだん体重が減っていく可能性がある。

やせている人が夜の習慣にしているのが、寝床に入る1～2時間前の入浴だ。お湯に浸かると、体の深い部分の体温がいったん上昇。その後、体温がゆっくり下がるにつれて、眠気が自然と湧いてくる。そのちょうどいいタイミングが、入浴後1～2時間たったころなのだ。

もうひとつのポイントは、40℃程度のぬるめのお湯に浸かること。副交感神経が優位になって、心身ともにリラックスできる。42℃以上の熱めのお湯は交感神経を刺激し、体が緊張モードに入って寝つきにくくなるので避けよう。

寝つきが良くてやせてる人は、朝、牛乳を飲んで、納豆を食べている!?

やせている人の多くは毎日、睡眠をたっぷり取っている。こう聞くと、自分が太っている原因はそれだったの?と日ごろから睡眠不足の人は驚くかもしれない。

睡眠時間と体重は、とても深い関係にある。アメリカのコロンビア大学の研究では、毎日たっぷり7時間から9時間眠っている人に比べて、睡眠時間が5時間の人は50%、4時間以下なら73%も肥満になりやすいと報告されているほどだ。

睡眠不足が肥満につながることには、食事に関連するホルモンが影響している。「空腹ホルモン」といわれるグレリンと、別名「満腹ホルモン」のレプチンだ。

グレリンはおなかが空いたときに分泌されるホルモンで、食欲を増進するように働く。一方、レプチンは食事をして血糖値が上がると分泌されるホルモン。こちらは食欲を抑える働きがあり、食べ過ぎを防いで太りにくくしてくれる。

グレリンとレプチンは、ともに睡眠と強く関連するホルモンだ。寝足りないとグレリンの分泌が増え、たっぷり眠るとレプチンがよく分泌される。

こうした体の働きから、睡眠不足が続くと、盛んに分泌されるグレリン効果で食欲が増す。しかも、食欲にブレーキをかけるレプチンの分泌量が減るので、どうしても太りやすくなるわけだ。

ふたつのホルモンの働きから、肥満を防ぐには睡眠時間をたっぷり取り、食欲を抑えて食べ過ぎをなくすのが重要ということになる。

よく眠るための対策として、カギになるのはやはりホルモンだ。夜が更けるとメラトニンというホルモンが脳内に分泌され、その作用によって眠くなる。メラトニンは体内では合成できない必須アミノ酸の一種、トリプトファンから作られる。

トリプトファンが体内に入ると、まず幸せホルモンのセロトニンになり、夜になるとメラトニンに変換される。それまで14～16時間かかるので、トリプトファンが豊富な牛乳や納豆などを朝食でとるのが得策だ。朝7時から8時ごろに食べると、夜になってちょうど眠りにつくころにメラトニンが効くようになる。

やせてる人は寝つきが悪いとき、横向きの「胎児寝」で安心して眠る

ぐっすり眠れなくて、目覚めたときに寝足りない。あるいは、ときどき自分のいびきで目が覚めてしまう。こうした質の良くない睡眠は、ダイエットの大敵だ。

普段、仰向けで寝ているのなら、体の右側を下にする横向きの姿勢に変えてみよう。横向きは胎児の姿勢でもあり、安心して熟睡しやすいといわれている。枕などを抱いたら、姿勢がより安定するので眠りやすい。

気道が開きやすいのも、横向きに寝るメリットのひとつだ。仰向けの姿勢よりも呼吸が楽にできるので、いびきをかきにくくなる。いびきを放っておくと、体に負担の大きい睡眠時無呼吸症候群につながる恐れもあるので注意しよう。

右側を下にして寝るのは、胃の形が右側に向かってカーブしているから。この姿勢を取ったほうが、胃の内容物がスムーズに移動しやすくなる。

何歳になってもスマートな体型の人は、寝室のカーテンを少し開けて寝る

ダイエットと睡眠は深い関係にあり、夜ぐっすり眠れば太りにくい体になっていく。眠気を呼ぶために必要なのが、「睡眠ホルモン」ともいわれるメラトニン。このホルモンは「幸せホルモン」のセロトニンが変化してできる。体の仕組みを利用して無理なくやせるには、セロトニンの分泌を高めるのが有効ということになる。

セロトニンを分泌させる方法のひとつが、目覚めてすぐに日光を浴びる習慣だ。たったそれだけの刺激で分泌がはじまり、夜になるとメラトニンに変わる。

朝起きたら近所を20分程度、日光を浴びながら散歩するのがベストだが、時間に追われて少々難しいかもしれない。そこで、やせている人がよく行っている習慣になってみよう。カーテンを少し開けて寝るのだ。朝になると、自然と寝室に日光が入り込み、セロトニンの分泌を促してくれる。

休日の朝の寝だめは至福のとき。でも、やせてる人は普段通りの時間に起きる

質の良い睡眠をとっている人は、休日の朝もいつも通りの時間にすっきり目覚める。こういった人の大半は、ダイエットが必要ではないかもしれない。

睡眠不足は体のあちこちに悪影響を及ぼす。消化・吸収にかかわる内臓も例外ではなく、日ごろよく眠れていない人は腸内環境が乱れている可能性が高い。

残業が多いなどの理由で、帰宅するのも就寝時間も遅い人の場合、休日くらいはたっぷり寝だめをしたいと思うだろう。しかし、普段は朝7時に起きているのなら、長く寝ても8時には布団から出たいものだ。そうしないと、自律神経のリズムが乱れてしまい、腸をはじめとする体の働きに悪影響が出る。

睡眠不足は昼寝で補うのがいい。ただし、眠るのは午後3時までの20分程度にとどめないと、やはり自律神経のリズムが影響を受けるので注意しよう。

やせてる人は冬の朝、冷水でキリッと洗顔！自律神経を刺激して腸を動かす

毎日、きちんと排便することは、太りにくい腸内環境を作るための重要なミッションのひとつ。起床してほどなく便意を覚えるのは、腸が健康的に働いている証拠といえる。

しかし、強いストレスや生活の乱れなどから、ときには朝起きても便意を感じないことがあるかもしれない。こうした場合も、腸内環境を乱さないために、できれば排便しておきたいものだ。

そこで、やせている人が朝の習慣にしているのが、お湯ではなく冷たい水で顔を洗うこと。顔が冷たい水を浴びると、その寒冷刺激が自律神経に伝わり、活動が低下していた腸が動き出す可能性がある。

寒さが厳しい季節、冷水での洗顔はちょっとつらいという人は、二の腕に水をかけ

るだけでもやってみよう。これで十分な寒冷刺激を得られて、腸が動き出して便意につながることが少なくない。

part 2

やせてる人の「脳」を操る習慣、ぜんぶ集めました。

脳が「もっと食べたい！」と
指令を送るからやせられない…。
脳をだまして上手に操る
やせてる人のテクニックを
たっぷり紹介しよう。

2週間で「やせる人の味覚」に変わる！その秘密は、毎日の料理にアレを使うだけ

やせている人と太っている人では、食べる量だけではなく、好きな料理も随分違う。脂っぽくない、さっぱりした味付けを好むのはやせている人だ。一方、太っている人は、こってりした甘辛味で高カロリーの料理をよく食べる。

こうした味の嗜好が、なぜ太るのかというそもそもの原因を示している。じつは、甘くて脂っぽい味には強い中毒性があるのだ。そうした料理を「食べたい！」と強く思うのは、神経伝達物質のドーパミンが関係している。

ドーパミンの別名は「快楽ホルモン」。脳の中で働き、やる気や快楽、高揚感、生きる意欲などを湧き起こす。楽しいとき、目標を達成したときなどのほかに、甘いものや脂っぽいものを食べても分泌される。

甘くて脂っこいものを食べると、ドーパミンの分泌量はぐっとアップ。その量はア

ルコールやニコチンを摂取したときと同じレベルとされる。甘くこってりした食べものには、飲酒や喫煙と変わらない強い依存性があるわけだ。

何ともいえない快感、高揚感を得ようと、食べた次の日も甘くて脂っぽい料理を注文したり、ポテトチップスなどのスナック菓子に手が伸びる……。まさに、昔のＣＭにあったように「やめられない、とまらない」の中毒状態になってしまう。

甘くて脂っぽいものが好きな味覚になると、あっさりした食べものではなかなか満足できない。物足りなさからストレスがだんだんたまり、ついには爆発してドカ食いする羽目になる。

ただ我慢するのではなく、根本的な対策として、味覚を変えることをおすすめする。活用するのは、だしに含まれているうま味成分だ。じつは、昆布からとれるグルタミン酸は、脳内でドーパミンと同じような働きをする。昆布だしたっぷりの料理を食べれば、甘くて脂っぽい料理に近い満足感を得られるのだ。

舌の味蕾《みらい》が生まれ変わるサイクルは２週間程度。だしを効かせた料理を食べているうちに、「やせる人の味覚」にリセットされることが期待できる。

太らない人がこっそり行う「ひとりハグ」。脳が錯覚して「愛情ホルモン」が分泌される！

家族や親しい人をギュッと抱きしめた、あるいは抱きしめられたときには、何ともいえない幸せな気分になる。この癒し効果が得られるのは、オキシトシンというホルモンが分泌されるからだ。

オキシトシンの別名は「愛情ホルモン」。脳に働くことによって、ストレスや痛みをやわらげたり、眠りの質を高めたりする。

ストレスと睡眠は、ともに体重の増減に強くかかわっている大きな要素。何かでストレスを感じているとき、セロトニンを分泌させて幸せ気分を得ようと、甘いものについ手が伸びてしまうのはよくあることだ。

睡眠が不足したときには、食欲に関係するホルモンのバランスが乱れがちになる。その結果、食欲にブレーキがかかりにくくなり、体重が増えてしまうことがよく知られている。こうした体のメカニズムにより、「ハグ」でオキシトシンを分泌させたら、その働きからよく眠れるようになり、体重を落とせる可能性があるわけだ。

加えて、オキシトシン自体にも食欲を抑える作用があることがわかっている。自治医科大学がマウスにオキシトシンを投与して実験したところ、食べ過ぎを防ぎ、肥満を改善する効果が明らかになったのだ。

この働きには、脳の延髄から内臓に伸び、感覚や運動などをコントロールする迷走神経が関係している。オキシトシンが分泌されると、迷走神経を活性化し、食欲を抑えるように働く。体重を落としたい人は、ぜひともたくさん分泌させたいホルモンといえる。

オキシトシンを分泌させるには、好きな人とスキンシップをするのが簡単。残念ながら、そういった相手がいない場合、やせている人がこっそり行うとっておきの裏ワザを明かそう。自分で自分を抱きしめる「ひとりハグ」だ。両手を胸の前で交差させ、自分をギュッと抱きしめる。こんなことで……と疑問を感じるかもしれないが、意外にも脳は簡単にだまされて、オキシトシンをたっぷり分泌する。

「猫カフェ」好きの友人がスリムなのは、癒しで分泌される「愛情ホルモン」のおかげ

脳に分泌されると、ストレスをやわらげたり、睡眠の質を高めたりするように働くオキシトシン。好きな相手とのスキンシップによって分泌されるが、じつは、その対象は人間に限らない。

可愛いペットをなでたり、抱っこしたり、肌と肌が触れ合いながら遊んだりしたときにも、たっぷり分泌されることがわかっている。

ペットを飼っていない人は、猫カフェなどに行って、癒しの時間を持つのはどうだろう。自分はそれほど動物好きではない、と思っていても試す価値は十分ある。可愛い猫と触れ合ううちに、何だか心が癒されて、幸せな気分になっていくはずだ。

動物を触るのが苦手な場合、大きなぬいぐるみなどをギュッと抱きしめてみよう。これで脳があっさり錯覚し、同じような効果を得ることができる。

やせてる人はみな「ほめ上手」。なぜか自分も幸せ気分になってやせていく

「そのジャケット、とてもセンスがいいですね」「あなたのような気配りできる人になりたいな」「うん、いいアイデアだ。この調子でいきましょう」。こうした嫌味のない「ほめ上手」な人は、いつも楽しそう。そして、ほとんどの人がスマートな体型をしている。

「愛情ホルモン」のオキシトシンは、人をほめることでも分泌される。誰かの良いところを見つけて伝えると、その相手を喜ばせるだけではなく、自分も幸せな気持ちになっていくのだ。

ほめることを習慣づけると、ストレスが軽くなって、夜はよく眠れるようになる。そして、やけ食いや食べ過ぎがなくなって、知らないうちにやせていく。試すうちに、「人をよくほめるいい人間だ」とまわりからの好感度も上がりそうだ。

疲れたとき、やせてる人は口角アップ！
これで不思議と甘いものがほしくなくなる

ストレスは太っている人の大敵。イライラが続くと、その嫌な気分を忘れようと脳は好物を食べ、セロトニンを分泌して幸せな気分になろうと図る。この脳の仕組みをダイエットに利用してみよう。セロトニンの分泌を自在にコントロールして、甘いものなどを食べなくても幸福感に包まれるようにするのだ。

セロトニンをどう分泌させるかは、やせるための大きなポイント。方法はいろいろあるが、ここでは最も簡単なやり方を紹介しよう。いつでもどこでもできる、口角を上げてみるだけの方法だ。

笑うときには口元がほころんで、口角が上がる。その形をマネるだけで、脳は楽しい気分だと錯覚してセロトニンを分泌するのだ。口角を上げるとともに、「楽しい」と口にすると、その言葉が脳に届いて、一層盛んに分泌される。

カートは店の「もっと買わせよう」というワナ！ やせてる人はカゴを手で持って店内を回る

太っている人が料理をすると、多めに作ってしまう傾向が強い。では、作り過ぎを防ぐにはどうすればいいのか。答えは簡単で、スーパーなどで食材を買い求める際、適量をカゴに入れるようにすればいい。

食材を買い過ぎないためのカギが、店の入り口に置いてあるカート。じつは、カートは多めに買わせるために店が仕掛けたワナなのだ。

カゴを手で持つと、食材を入れるたびに重くなり、そこそこのところで買いものを打ち切りにしたくなる。一方、カートを使うと楽なので、購入する食材がどんどん増えていく。店の入り口でカートが目に入っても、見て見ぬふりをしよう。

手でカゴを持って店内を回り、ちょっと重くなったと感じたら、それが買いものを打ち切るサイン。無理なくやせられて、無駄なお金も使わないと一石二鳥だ。

いつの間にか、カゴの中に高カロリー食品が！やせてる人は、空腹時の買いものの怖さを知っている

食品売り場を回っているうちに、ふと気がつくと、カゴに食品を必要以上に入れていることはないだろうか。そういった場合、おなかが空いているときに買いものに行ったケースが多い。やせている人にそういった悪習慣はないのではないか。

空腹時に食品売り場を歩くと、棚に並んでいるあれもこれもがおいしく見える。このように、脳が食べものを強く求めている状態で買いものをすると、どうしても食品を多めに買いやすく、その結果、食べ過ぎて太ってしまうのだ。

しかも厄介なことに、おなかが空いているときには、あっさりした食品よりも、よりカロリーが高くて太りやすい食品を買いたくなる。

こうした空腹と買いものの関連性について、アメリカのコーネル大学の興味深い研究を紹介しよう。

研究では、Aグループにはクラッカーを好きなだけ食べられる状態で、Bグループには前回の食事から5時間以上たったのち、同じようにインターネットで食品を購入してもらった。

実験の結果、低カロリー食品を購入した数については、両者に違いはほぼなかった。ところが、高カロリー食品に関してはまったく違った結果になった。クラッカー食べ放題のAグループが平均3・95品を購入したのに対して、おなかを空かせて買いものをしたBグループは平均5・72品と、1・5倍に迫る品数を買っていたのだ。

コーネル大学では、同じ狙いの実験を食料品店での買いものでも実施。その結果、空腹感の強い時間帯（夕食前の午後4時〜7時）に買いものをした場合、空腹感の少ない時間帯（昼食後の午後1時〜4時）よりも、やはり高カロリーの食品を多く購入する傾向が明らかだったという。

空腹時には食欲を促すホルモンのグレリンが分泌され、その働きによって購買意欲が高まるという説もある。おなかが空いているときには、食品の買いものはなるべく避けるようにしよう。

出かける前にガムを1枚、チョコを1かけら。夕食の買いもので買い過ぎない人の習慣に学ぶ

食品を買うのは、おなかが空いていないときに限る。これは間違いなく正しい教訓だが、現実にはそうもいかないケースがありそうだ。

たとえば、夕食用の買いものは夕方にする人が多いのではないか。仕事帰りに自宅近くで買う場合はなおさらで、通常、昼食をとったのち随分時間がたって食品売り場を回る。当然、おなかが空いているので、必要以上のものを買ってしまって、食べ過ぎたり食べ切れずに捨てたりする羽目になることが少なくない。

しかし、太りたくないのなら、やはり空腹時の買いものはNGだ。それがよくわかっている人は、買いもの前にガムを1枚噛む。あるいは小さなチョコレートを1かけらつまむ、豆乳をコップ1杯飲む、といったような対策をとり、空腹をややごまかしてから行く。効果は少なからずあがるはずだ。

好きな動画を見ることで、〝脳〟は甘いものがほしくなくなる!?

ストレスがたまっているときには甘いものを食べたくなる、あるいはドカ食いをしたくなる。これは脳の指令による自然な行動だ。好きなものを食べると、脳にセロトニンが分泌されて幸せな気分が湧き、ストレスや緊張状態から逃れられる。

食べ過ぎ防止に関連して重要なのは、セロトニンは何かで興奮したり癒されたりしても分泌されることだ。やせている人のなかには、この体のメカニズムを知ってか知らずか、ともかく上手に利用している人がいる。夕食後、好きな動画サイトをチェックし、可愛い動物の姿に癒されたり、おもしろ動画で爆笑したり。すると脳内にセロトニンがどっと分泌され、いやなことを忘れられる。

これで脳はいったん満足し、甘いものなどに逃げる必要がなくなるというわけだ。食べ過ぎ防止に有効なので、ストレスを感じているときに試してみよう。

泣ける映画を観れば、食欲を抑えるホルモンが出てくる

脳に働きかけて、幸せな気分に導いてくれるセロトニン。食べ過ぎを防ぐ効果もあるので、太らない体をキープするには欠かせないホルモンだ。

けれども、人体にあるセロトニンのうち、90%は小腸の粘膜に含まれている。次に多いのは8%が存在する血小板で、脳内には残りのわずか2%しかない。このため、食欲を抑えるにはセロトニンをより多く分泌させるために行動する必要がある。

映画好きでやせている人がよく行っているのは、心を揺り動かす作品を観ることだ。じつは近年、涙を流すとセロトニンの分泌量が増えるとわかってきた。涙を流すと、交感神経から副交感神経に切り替わり、それが引き金になって分泌されると考えられている。夕食後や休日の昼間、映画やドラマで感動して涙を流すと、セロトニン効果によって、デザートやお菓子に手が伸びにくくなるのだ。

食べ過ぎても自分を責めないで、気持ちを切り替えられる人がやせていく

やせたいと思って、好きなものを食べるのを控え、食事の量を少なくする。日ごろからこまめに動いて、時間があればウォーキングも実行。こうした日常をおくっていると、体重は自然に落ちてくる。

とはいえ、残業が続いたり、いやなことがあったりすると、ダイエット中でもつい食べ過ぎてしまうかもしれない。そういったときには、「ああ、食べてはいけなかったのに……」と自分を責めたくなる。だが、ここで落ち込むと、脳がやる気を失ってしまいかねない。

何かにトライして成功させるには、前向きに取り組むことが大切。ダイエットでもポジティブな気持ちを忘れないようにしたい。目標を達成する人は、食べ過ぎたとき、「いい息抜きができた。また頑張ろう！」と気持ちをサッと切り替えている。

スリムで健康、カッコいい、ステキ！「やせた自分」を想像してワクワクする

ダイエットに励んでいるつもりでも、体重が順調に減らない人の場合、取り組むうえでの気持ちに問題があるのかもしれない。本当にやせられるのかな？と、心の中で疑問を感じているのであれば、いつまでたっても体重は減らないだろう。

ネガティブな「やせられない自分」については、ほんの少しでも想像してはいけない。イメージするのは、ダイエットに成功した「やせた自分」だ。

近い将来、自分はこんなに体重が減り、見るからに健康的で、カッコよくステキになっている。ウエストがきつかったお気に入りのズボンが履けている。ダイエットに成功する人はこのように、いわば自己暗示をかける。こうすると、その好ましいイメージを現実にしようと、やる気が湧いてくるものなのだ。絶対に楽しい結果が待っている、と自分に言い聞かせて取り組もう。

ときどき〝脳〟を甘やかす？太らない人はやせ我慢をしない

体重を減らすには、食事で我慢することが何よりも大切。こう思っている人はいないだろうか。もちろん食べたいものを我慢しないで、次から次に口にしていれば、体重が減っていくわけがない。しかし、我慢をするのが第一の体重制限は、間違いなく失敗に終わる。そのうち脳が疲れてしまって、ギブアップしてしまうからだ。

そもそも太っている人の多くは、食べることがもともと好きだから、体重がしだいに増えてきた。やせたいと思う気持ちがあっても、食べたいものをすべて我慢するのは至難のわざだ。

体重がある程度減ってきたら、月1回ほどは好きなものを食べる日があってもいいだろう。順調に体重を落としていく人は、ストイックになり過ぎない。悪い意味ではなく、気持ちをだましだまし続けていくのがやせるコツだ。

好きなお菓子の置く場所を変えるだけで、太る人からやせてる人になれる！

テーブルに置いてあったスナック菓子の袋。視界に入ったのが運のつきで、つい手が伸びてしまった……という経験はないだろうか。

そこにあるのを見てしまうと、何だか食べたくなるものなのだ。大勢が働くオフィスで行われたアメリカの実験を紹介しよう。

チョコレートを透明の箱に入れて、1週目は「机の上」、2週目は「机の引き出しの中」、3週目は「机から離れた棚」に置いて、どれが食べられやすいのかを調べた。実験の結果、最もよく食べられたのは、当然、すぐに手が届く「机の上」のチョコレートだった。

見れば食べたくなる好物を無造作に置いておくのは太るもと。引き出しの中など、取り出しにくく見えない場所に置くようにしよう。

風呂場の鏡で全身をくまなくチェック。やせたい気持ちが湧く「鏡ダイエット」は効く！

ダイエットの成功者がよく行っているのが、ありのままの姿を知って、「もっと頑張ろう！」という気にさせる「鏡ダイエット」。裸または下着姿になって、全身を鏡に映してチェックするやり方だ。

おなかがちょっとへこんできたな、全体的に丸みがなくなってきた気がする、といったように、ダイエット中の体の変化がひと目でわかる。おなかをもっとへこませよう、理想のスタイルに近づけよう、これからも頑張ろうと、モチベーションを高められるのでぜひ試してみよう。

鏡ダイエットは、脳の錯覚を矯正するための良い機会にもなる。自分では真っすぐ立っているつもりでも、両肩の高さが違っているなど、左右どちらかに体が傾いていることが少なくない。これは脳が指令する「真っすぐ」が、じつはややずれていることから起こる。

傾きを発見したら、意識して矯正してみよう。正しい姿勢で立ち、歩けるようになると、血液の循環などが良くなって代謝が上がり、脂肪をより燃やすことも可能だ。毎日、着替えるときや入浴時に、自分の体を鏡に映してチェックしよう。

part 3

やせてる人の「食べ方」の習慣、ぜんぶ集めました。

ランチをガッツリ食べる
あの人がスマートなのには
ちゃんとした理由がある。
やせてる人の「食べ方」に
しっかり学んでみよう。

やせてる人でもランチはガッツリ！ ただし、夕食で守っている鉄則がある

朝は時間がないなか、大急ぎでパンやごはんをかき込む。昼は1時間程度の休憩時間のなかで、手早くサッサと済ます。ようやく、ゆっくりくつろげる夜は、好きなものをガッツリ食べる。こうした人は多いだろうが、すっきりやせている人の食事パターンは違う。夕食は少なめにして、ランチでたっぷり食べているのだ。

太らない体をキープするには、夕方以降に食べる量を少なめにするのが鉄則だ。本来、ヒトは昼行性の生き物なので、夜は休息モードに入る。胃腸の働きも同様で、夜が更けるにつれて代謝がどんどん低下し、夕食で摂取した脂肪を溜め込みやすくなってしまう。

このメカニズムには、体内リズムをコントロールする「BMAL1（ビーマルワン）」という遺伝子が関係している。脂肪がエネルギーとして使われるのを抑える性

質を持っており、別名「肥満遺伝子」という。

体内にあるＢＭＡＬ1の量は、1日のなかで時間によって変化する。最も多くなるピークが訪れるのは深夜2時。それ以降、少しずつ量が減っていき、日中の14時に最も少なくなる。

ＢＭＡＬ1の増減カーブを見ると、だいたい10時から16時にかけてが少なく、これが食べても太りにくい時間帯といえる。ランチでやや多めに食べても、肥満に直接つながりにくいのはこのためだ。

一方、夕方以降、ＢＭＡＬ1は加速度的に増えていく。体重をコントロールしたいのであれば、夕食はなるべく早く、少なめの量を食べることが肝心だ。夕食が遅くなって、夜22時以降にずれ込むと、摂取した脂肪分のかなりの割合が体に蓄えられると考えていいだろう。

夕食を早めにとるのは、胃腸のためにもいい。胃に食べものが残っていると、睡眠中も消化のために忙しく働かなければならない。これでは眠っているうちに腸で便が作られにくく、便秘につながってしまう。夜は早めに少なめに、を習慣にしよう。

ゆっくり食べることで、食欲にブレーキがかかっていた！

太っている人には早食いが多い、とよくいわれる。これは確かにその通り。逆にいえば、やせている人の大半はゆっくり食べている。

さまざまな研究によって、食べる速さと肥満度の関連性は明らかになっている。早食いの人たちは、ゆっくり食べる人たちと比べて、中年男性では体重が平均9kgも重いというデータがあるほどだ。

満腹感を覚えるのは、食べた糖質が分解されて血糖値が上がり、脳にある満腹中枢が刺激されるからだ。しかし、その刺激を感じて食欲にブレーキがかかるまでには、食べはじめてから20分ほどかかる。このため、早食いをすると必要以上の量を食べやすく、肥満につながりやすいというわけだ。やせたいのなら、毎食、ゆっくり食べることを心がけるようにしよう。

やせてる人は、「ゆっくり食べる」と「だらだら食べる」の違いと危険を知っている

時間をかけて食べると、体重をコントロールしやすいが、これにも限度というものがある。「ゆっくり」ではなく、「だらだら」食べていては、やせるどころか太ってしまう可能性が高いのだ。

じつは食事をはじめてから30分以上たつと、食べたものがだんだん消化されて、いったん満杯になった胃の中にすき間ができるようになる。その結果、「おなかいっぱい！……ではなさそう？」と脳が判断し、まだ食べられると思ってしまう。

ゆっくり食べるのは基本ではあるが、消化がある程度進むほどの時間はかけないほうがいい。食べ過ぎないように、スタートから20分以上かけて食べ、30分以内で食べ切るのが理想だ。やせている人は、食事に時間をかけるものの、だらだら遅過ぎるということはない。

よく噛む人は、噛まない人と比べて、年に1・5kgも多くやせられる!

食事をとるのに時間をかける人は、ただのんびり食べるのではなく、早食いの人よりもずっとよく噛んでいるはずだ。

咀嚼回数を多くしてゆっくり食べると、じつは意外なダイエット効果が期待できる。体がエネルギーをより多く消費し、それだけでやせやすくなるのだ。

このうれしい効果は、東京工業大学大学院の研究によって明らかになっている。研究では10名を対象に実験。300kcalのブロック状の食品を与えて、できるだけ急いで食べた場合と、できるだけゆっくり食べたときの違いを調べた。

あえて早食いした場合は、飲み込むまでの時間が平均103秒で、咀嚼回収は137回。これに対して、意識してゆっくり食べた場合は、飲み込むまでに平均497秒、咀嚼は702回を記録した。

食事のあとで、食後90分間のエネルギー消費量を計測して両者を比較してみた。食後は安静にしていても、消化吸収によってエネルギーが消費され、それだけで代謝量が増えるからだ。

計測の結果、早食いした場合のエネルギー消費量は、体重1kgあたり平均7calだった。一方、ゆっくり食べたときには、桁が2つも違う平均180calという大きな数値を計測した。

この違いを1日3食、1年間で積み重ねてみると、脂肪1・5kg分を消費するエネルギーに相当するという。早食いの習慣があるだけで、ゆっくり食べる人と比べて、毎年1・5kgずつ体重が増えていくわけだ。

これほどの差が出る理由は、よく噛むことによって消化管の血液量が増え、消化・吸収活動が活発になるからではないか、とみられている。食べるスピードによって、食後のエネルギー消費量が変わるのなら、日ごろの体重管理に役立つかもしれない。

やはり、食事はよく噛んで、ゆっくり時間をかけて食べるに限る。食べものを口に運んだら、30回噛むことを習慣づけてはどうだろうか。

箸置きを使って食べる人が、スマートな体型を維持しやすいのはなぜ!?

ゆっくり食べるのが体にいいことはわかる。しかし、早食いが長年の習慣になっているので、なかなか直らない……。こういった人は、時間をかけて食べる人の習慣をマネてみよう。食事のときに箸置きを使うのだ。

箸を持ったまま食べると、つい次から次に食べものを口に運びたくなる。そうではなく、ひと口食べたら箸をときどき置くようにすると、たったそれだけで、よく噛んでゆっくり味わおうという気分になるものだ。

1回の食事で、5回以上は箸を置くようにしたい。外食などで箸置きがない場合は、皿にかけて置くといったように、とにかく箸を持たない時間を持つことが大切だ。丼物を食べるときには、ひと口、ふた口食べたら、手に持った丼をテーブルに戻すようにしよう。こうした習慣がつけば、自然とゆっくり食べるようになるはずだ。

外食やコンビニ弁当は1割残し、家で作る料理は1割減らす――と心得る

体重が増える理由は、基本的にとてもシンプルだ。摂取エネルギー（食べる量）が消費エネルギー（使う量）よりも多ければ太っていく。この大前提から、太っている人は食べる量を減らすのが体重コントロールの原則となる。

試しやすいのは外食だ。平日のランチやコンビニ弁当などをひと口だけ残す。この食べ方に慣れて、まだ体重が減らないのならふた口残すようにする。同僚などと一緒に食べる場合は、ごはんやおかずを少しわけてあげてもいいだろう。

一方、家で食べる場合、せっかく作ったのだから……と、食べ残すのに抵抗があるかもしれない。そこであらかじめ、作る量を1割ほど少なくしてはどうか。この方法なら、せっかく作ったものを残さなくて済むし、完食することによる満足感もしっかり得られる。

「ベジファースト」はもう古い？健康的にやせてる人は「ミートファースト」！

普段の食事で「ベジファースト」を実践している人は多いだろう。野菜（ベジ）を最初（ファースト）に食べるという、おなじみのダイエット方法だ。

最初から糖質を多く食べると、血糖値が急上昇する。これは血管に負担がかかる状態なので、血糖値を抑えるために膵臓がインスリンを分泌して調整。その働きで血糖値は下がるものの、調整し切れなかった血糖は中性脂肪になって蓄えられてしまう。

この体のメカニズムから、先に野菜を食べるベジファーストが考案された。野菜に含まれている食物繊維には、血糖値の急上昇を抑える働きがあるのが理由だ。

ベジファーストは確かに、体重コントロールに効果的な食べ方といえる。しかし、小食ぎみの人の場合、食物繊維の多い野菜を先にたっぷり食べると、それだけでおなかがいっぱいになってしまうかもしれない。そうなると、肉や魚をあまり食べられないので、ダイエットには成功しても肝心の健康が損なわれる恐れがある。

そこで、ベジファーストとは違う食べ進め方として、最近注目されているのが「ミートファースト」。野菜ではなく、たんぱく質が豊富な肉や魚をまず口にし、その次に野菜、最後にごはんや麺類、パンといった糖質を食べるという新しい食べ方だ。

このミートファーストでも、ベジファーストと同じような体重増を抑える効果が期待できる。たんぱく質を食べると、血糖値の急上昇を抑えるインクレチンというホルモンが腸から分泌されるからだ。

ミートファーストを習慣にすれば、当然、ベジファーストのようなたんぱく質不足にはならない。小食の人でも安心して実行することができる。

大食漢の人にもミートファーストはとても有効だ。じつは、インクレチンは脳の満腹中枢に働きかける作用も持っている。肉や魚から食べはじめると、脳は早めに満腹を感じるようになるので、食べ過ぎの防止にもなるわけだ。

健康的にやせたいのなら、筋肉の材料をたっぷり補給できるミートファーストを心がけてはどうだろう。

まず味噌汁をゆっくり食べる「味噌汁ファースト」の人は食べ過ぎない

野菜のあとで肉や魚を十分食べられるのであれば、ベジファーストを習慣づけるのもいい。この食べ方をもう一歩進めて、さらに高い効果を期待できるのが「味噌汁ファースト」だ。

その名の通り、ごはんのときに味噌汁を最初に食べるだけ。具の野菜に含まれる食物繊維の効果で、血糖値の上昇がゆるやかになって、血管に負担がかからない。加えて味噌の褐色色素成分、メラノイジンも血糖値の上昇を抑えてくれるので、ダブルの強い効果が期待できる。

しかも、味噌汁は熱いので、ゆっくり食べなければいけない。このため、食事にかかる時間が長くなって、食べ過ぎにつながる早食いも抑えられる。やせたい人にとって、味噌汁ファーストはとても有効な食べ方だ。

納豆やオクラ、海藻類を真っ先に食べる「ネバネバファースト」の人も太らない

太らないためには野菜や肉、魚から食べはじめるのが肝心。こういわれる理由は、血糖値の急上昇を防ぐため、ごはんなどの糖質を最初に食べたくないからだ。逆にいえば、血糖値があまり上昇しないのであれば、ごはんを最初に食べてもそれほど問題はない、ということになる。その意味から、ごはんといっしょにネバネバした食品を食べる方法を紹介しよう。

白米ごはんを食べたときの血糖値上昇指数（GI）を100とした場合、納豆をごはんにかければ68まで下がる。明らかに、血糖値の上昇を抑えるように働くわけだ。ネバネバ食品にはほかに、オクラ、モロヘイヤ、なめこ、昆布、海藻などがある。いずれも水溶性食物繊維が豊富で、糖質をくるんで消化を遅くし、血糖値の上昇をゆるやかにしてくれる。

クラシックを聴きながら食事をする人は、食後に甘いデザートがほしくならない

甘いものが大好きだけど、体重のことを考えると食べにくい。こういった人は、食事で甘味をより感じられるような工夫をしている。満足感を覚えることにより、食後のスイーツなどに手が伸びないようにするのだ。

甘味を敏感にする方法は意外に簡単。音楽をかけながら食事をするといい。好きな音楽を聴くとリラックスし、唾液の分泌が促される。その結果、味覚の感度が上がって、甘味も一層感じられるというわけだ。

「幸せホルモン」とも呼ばれるセロトニンが分泌される影響も大きい。脳内で働いて、幸せな気分にさせてくれる神経伝達物質で、朝日を浴びる、リズミカルな運動をする、好きな音楽を聴く、甘いものを食べるといったことで分泌が促される。

スイーツを食べると幸せな気持ちになるのは、じつは脳内でセロトニンが働くから

なのだ。この何ともいえない幸福感を味わいたいがために、脳は甘いものをほしがるといってもいい。

逆にいえば、セロトニンが分泌されたら脳は幸せだと感じ、甘いものに対する欲求は薄まっていく。この体のメカニズムから、音楽を聴きながら食べると、甘いものが好きな人も食後の〝別腹〟をなくすことが期待できるわけだ。

食事のときに聴く音楽としては、クラシックやバラードのように、聴いていると心が落ち着くような曲がいい。リズムが心臓の鼓動に近い曲を聴くとリラックスしやすい、ともいわれるので試してみてはどうだろう。

音楽のなかでも、ロックのような激しい曲、リズムの速い曲などは食事中に流すBGMとしては適さない。こういった曲を聴くと、リラックスするどころか、脳が興奮してしまう。

また、せせらぎや波の音、鳥のさえずりなど、自然の音も避けたほうがいい。これらの音に包まれると、リラックスし過ぎて眠気まで感じ、甘味の感受性が下がるという研究がある。

会費制や割り勘の飲み会で太らないのは、「もと」を取ろうと思わない人

食事会や飲み会などでの支払いの方法はさまざま。決められた金額を最初に払う会費制や、最後に割り勘で会計するのが暗黙の了解といった場合もあるだろう。こうした集まりで飲み食いする際、やせている人と太っている人ではふるまい方が随分違うのではないか。

やせている人は、会費制だろうが割り勘だろうが、自分のペースで食べ過ぎないように食べる。これに対して、太っている人は「もと」を取らないともったいないと、いつも以上にたくさん飲み食いしそうだ。

もちろん、見習うべきはやせている人のふるまい方。会費や割り勘額以上のものを求めようとするのは、体重増につながるだけではなく、ちょっと意地汚い。適度に食べ、飲むことを心がけよう。

「満腹」ではないけど、「空腹」でもなくなった。そこで食べるのをやめる人がやせる！

太っている人は多くの場合、必要以上に食べている。やせたいのであれば、とにかく、食べる量を減らすことを第一に考えなければいけない。その意味から、とても重要なのが空腹感とのつき合い方だ。

食事の前にはおなかが空いていても、食べ進めるうちに空腹感はだんだん薄れていく。問題なのは、空腹感がなくなってからどうするか。やせている人の大半は、空腹感が消えたら食べるのをやめる。しかし、太っている人の多くは、それでもつい食べものに手が伸びてしまう。これでは体重が増えるのも当たり前だ。

少しでも満腹感を覚えたら、食事はそこでストップしよう。本気でやせたいのであれば、まだ満腹とはいえないが、そろそろ空腹ではなくなったかな？と感じたときに食事をやめるのがいいだろう。

残業になりそうなときの夕方、やせてる人がこっそり食べているものとは!?

残業などの理由で帰宅する時間が遅い人は、体重管理に注意しなければいけない。夕食の時間が遅くなると、夜が更けるにつれて増える肥満遺伝子、ＢＭＡＬ１の影響で脂肪を体にため込みやすくなってしまう。

夕食が遅くなりがちな場合、体重維持を心がける人は食事の仕方をひと工夫。まず、夕方になったら、おにぎりなどの腹持ちのいい糖質を食べるようにする。ひとまずそれで空腹感をなくしておき、仕事を終えて帰宅してから、肉や魚などのたんぱく質と野菜が中心の食事をとるのだ。ごはんは食べないか、食べてもほんの少しにとどめておく。

こうした食べ方をすると、夕食が遅くなっても太るのを防ぐことができる。帰宅後にしっかり食事をとる習慣と比べたら、体重の増え方が違うのは明らかだ。

やせてる人への第一歩。コンビニでの「温めますか」をキッパリ断る！

腸をきれいにし、便通を良くして、ダイエット効果もある物質。こう聞くと、食物繊維のことだと思うのではないか。確かにその通りだが、近年、同じような効果のある物質が大いに注目されている。

ぜひ覚えておいて、食生活に取り入れたいのは「レジスタントスターチ」。日本語では「難消化性でんぷん」といわれる。でんぷんが加熱されたのち、冷えることによって再結晶したものだ。

でんぷんは唾液に含まれる消化酵素、アミラーゼによって消化されるが、レジスタントスターチは完全には消化されない。それどころか胃や小腸でも分解されにくく、一部は大腸にまで達する。

腸での機能は食物繊維とほぼ同じ。食べものを包んで消化を遅くしたり、残りかすを巻き込んで排出されやすくしたり、善玉菌のエサになって腸内環境を改善したりと、よく働いてくれる。

このレジスタントスターチを効率的に摂取するには、いったん加熱されたあと、冷えてから生まれるという性質がポイントとなる。手軽に食べられるものでは、弁当に入っている冷やごはんがおすすめだ。炊きたて熱々のごはんの約1・6倍のレジスタントスターチが含まれている。

コンビニやスーパーで弁当を購入し、あえて電子レンジで温めず、冷えた状態のまま食べると、レジスタントスターチをたっぷり摂取できる。弁当のほか、コンビニの冷たいおにぎりにも多いので、いま以上に利用してはどうだろう。

レジスタントスターチは消化されにくいため、腹持ちがいいのも特徴だ。食べたあと、空腹を感じるまでの時間が長くなるので、ダイエットにはもってこい。また、冷やごはんは温かいごはんよりも固く、よく噛む必要がある。この刺激によって、満腹中枢が刺激され、満腹感を得やすいともいわれている。まずは1日1食、冷えた弁当やおにぎりを食べてみてはどうだろう。

part 4

やせてる人の「食べもの」の習慣、ぜんぶ集めました。

スリムな体型の人が
毎日食べている主食は何？
好きな料理は？　飲みものは？
やせてる人が食べてるものは、
太っている人とこんなに違う！

近年注目の「やせホルモン」を増やす牛肉赤身が大好き！

近年、やせたい人の間で話題になり、社会的な問題にもなっているのが、「GLP-1」という物質の作用を利用するダイエット方法だ。

GLP-1はインスリンの分泌を促すホルモンの一種で、主にたんぱく質をとったあとに小腸から分泌される。血糖値の上昇を防ぐ効果があり、糖尿病の人に処方する薬としても使われている。

ダイエットに関連して注目されているのは、体重コントロールに有効な働きを持っていることだ。脳の満腹中枢に働きかけて、食欲にブレーキをかけるのがその作用のひとつ。この働きによって、少なめの食事でも早く満足感を覚え、その後の食べ過ぎを防ぐことができる。

胃のぜん動運動をゆるやかにして、消化がゆっくりになるのもGLP-1の持つ重要な働き。食べたものが胃に入ったあと、長時間とどまることになるので、おなかがいっぱいになったという感覚が長く続くわけだ。

こうした有効性により、ダイエット外来を設けているクリニックや病院で診察を受けると、もともと糖尿病の治療薬として使われていたGLP-1を保険外診療によって注射や投薬で処方してもらえる。

もっと手軽に、その効能を期待する方法もある。たんぱく質の多い食品を積極的に食べて、GLP-1の分泌を促そうとするものだ。

よく食べるべきなのは肉で、なかでもおすすめは牛肉のモモ肉のような赤身肉。脂肪をエネルギーに変えるときに働くアミノ酸の一種、L-カルニチンが豊富に含まれており、その合わせ技で一層高い効果を得られる。

GLP-1の効果を高めたいなら、食べる順番に注意しよう。ごはんなどの糖質から食べ進めると、分泌量が低下してしまう。GLP-1が最も盛んに分泌されるのは、肉を最初に食べる「ミートファースト」。まず肉を食べ、次に野菜、最後にごはんなどの糖質の順に食べ進めると、GLP-1をよく働かせることができる。

サバやイワシをよく食べる人は、魔法の油「EPA」「DHA」効果で太りにくい

糖質とたんぱく質のエネルギーは、1gあたり4㎉。これに対して、脂質は2倍以上の9㎉もある。脂っぽい料理を食べると太るのは当然だろう。

しかし、じつは食べても太りにくい油がある。サバやイワシなどの青魚に多く含まれているEPA（エイコサペンタエン酸）とDHA（ドコサヘキサエン酸）だ。

ある実験で、マウスに魚の油が豊富なエサを与えたところ、代謝が上がり体重が増えにくくなった。これは体脂肪を燃焼させる褐色脂肪細胞の働きが高まるからだと考えられている。魚の油にはほかに、脳の視床下部に働いて食べ過ぎを防ぐ、コレステロール値を改善して中性脂肪を減らす、といったうれしい働きもある。

同じカロリーの脂肪分を摂取するなら、断然、肉の脂よりも魚の油。ロースカツよりも旬の魚の刺身を好むのが、何歳になってもおなかの出ない人なのだ。

魚はあまり好きじゃないけど、やせたい。そんな人はエゴマ油の力を借りている

魚が体にいいことはわかっているが、なかなか毎日は食べられない。こういった人は1日小さじ1杯、エゴマ油やアマニ油を飲んでいる。

どちらもオメガ3脂肪酸というタイプの油であるαリノレン酸が豊富。オメガ3脂肪酸はとてもヘルシーな油で、血液をサラサラにする効果や脳の機能を改善する働きなどがある。体内では合成できないため、毎日欠かさず摂取することが大切だ。

魚の油であるEPAやDHAも同じオメガ3脂肪酸の仲間。この関連性から、αリノレン酸を摂取すると、体内でその10～15%ほどがEPAやDHAに変化する。エゴマ油やアマニ油を口にすると、魚の油が持つ体重抑制効果も期待できるわけだ。

αリノレン酸は無味無臭なので、そのまま無理なく飲める。料理に使う場合、熱に弱くて酸化しやすいので、ドレッシングや熱過ぎない味噌汁に加えてみよう。

1日1杯、飲むだけでやせ体質に変わる「魔法のドリンク」があった！

太っている人は、ラーメンに代表される味の濃い料理が大好き。しかし、ある方法を続けるうちに、それほど食べたいとは思わなくなる。こうした魔法のような効果を得られるのが、毎日、だしの効いた料理を食べる習慣だ。

濃い味つけの料理が好きな人は、食べれば食べるほど、ますますそういった味を求めるようになっていく。味の濃い料理には、強い依存性があるからだ。

ある研究では、ラットに塩分を与えたところ、脳の神経細胞が刺激されることが確認された。その反応は、コカインやヘロインといった麻薬を与えたときと同じようなものだったという。

これは塩分を感じたことにより、脳にドーパミンが大量に分泌されて、神経細胞を刺激するのが理由と考えられている。ドーパミンの別名は「快楽ホルモン」で、高揚感や達成感を湧き起こす。濃い味の料理がやみつきになるのは、ドーパミンの分泌が促され、麻薬を使ったときのような強い快楽を覚えるからなのだ。

この快楽を知った脳は、次の食事でも同じ感覚を得ようと、「味の濃い料理を食べたい」という欲求を高める。濃い味つけの料理はだいたいカロリーが高いので、どんどん太っていくというわけだ。

そこで、だしをうまく使って、味の嗜好を変えてみよう。うまみ成分である昆布のグルタミン酸にはドーパミンに似た機能があり、鰹節のトリプトファンは「幸せホルモン」セロトニンの材料となる。だしに舌が慣れると、脂っぽい料理をくどいと感じるようになり、うま味たっぷりの料理をほしくなっていく。こうして、「やせる人の味覚」を手に入れたら、ダイエットはぐっと成功しやすくなる。

この素晴らしいだし効果は、「だしドリンク」を毎日飲むことによって一層高められる。昆布、鰹節、煮干し、抹茶、それぞれの粉末を「3：1：1：0.5」の割合で混ぜ、大さじ1杯をカップ1程度のお湯に溶かしたものだ。飲み続けるうちに味覚や嗜好が変わり、うま味の効いたあっさり料理を好むようになっていくだろう。

毎日の習慣に加えたい。グルタミン酸たっぷりの「昆布茶」でホッとひと息

塩分たっぷりの濃い味つけよりも、だしのうま味のほうが好きになると、ダイエットは成功に大きく近づいたといってもいい。

だしの効果をよく理解し、ダイエットに利用している人の手軽な習慣を紹介しよう。食事の前やひと息つくときなどに、昆布茶を飲むことだ。昆布に多く含まれるグルタミン酸によって、脳に大きな満足感を与え、濃い味よりもだし味を好きになる効果が期待できる。

昆布茶には食物繊維が豊富なのもうれしい。食事の前や食事中に飲むことにより、血糖値の急上昇を抑えたり、胃の中がふくれて食べ過ぎを防いだりしてくれる。市販の昆布茶をお湯に溶かして飲むだけなので、毎日の習慣に加えるのは簡単だ。ただし、塩分が含まれているので、飲み過ぎには注意しよう。

「うどん好き」よりも「パスタ好き」のほうがやせやすい!?

昼食は早く食べられて、値段も安いかけうどんの大が定番。こういった食生活をおくっていると、だんだん体重が増えていくのは避けられないだろう。

うどんが太りやすい食べものだというのは、食後に血糖値がどれほど上昇するかを示すGI値（グリセミック・インデックス）を見るとわかる。摂取後、血糖値が最も上昇しやすいブドウ糖を100とし、さまざまな食品を食べたあとの上昇具合を数値化したものだ。

数値の高さによって、「高GI食品」（70以上）、「中GI食品」（56〜69）、「低GI食品」（55以下）の3グループに大別。うどんは白米やパン、もち、せんべいなどとともに高GI食品に入っているのだ。

つまり、うどんを食べると血糖値が上がりやすく、インスリンが処理し切れない血液中のブドウ糖が中性脂肪に変わりやすい、ということになる。特に、具のないかけうどんなどではこの傾向が強いはずだ。

うどん好きのなかには、健康のために野菜のかき揚げを添えれば、それなりにカバーできるのでは……と反論する人がいるかもしれない。しかし、ある大手うどんチェーンの野菜かき揚げのカロリーは600kcal以上もある。かき揚げは表面積が多いので油を吸いやすく、ダイエットにはまったく向かない食べものなのだ。

麺類が大好きなのに太らない人の好物はパスタ。食物繊維が多く含まれていることもあって、うどんとは打って変わって、血糖値の上昇がゆるやかな低GI食品のグループに入っている。

麺が固くて内部に空洞がないので、消化される速度が遅くて腹持ちがいいのも、体重コントロールをするのにもってこい。食べたあとでおなかが空きにくいので、甘い間食に手が伸びることが少なくなる。

麺類のなかでは、そばも低GI食品とされている。立ち食いの店で、急ぎのランチを済ませたい場合は、うどんではなくそばを注文するほうがいいだろう。

「ごはん好き」はやせるのは無理？
いや、じつは「パン好き」よりも太りにくい！

近年、ダイエットを語るとき、糖質が悪者にされることが多い。なかでも、最もやり玉にあげられるのがごはん。これこそ太る原因だと名指しされ、できるだけごはんは食べないようにすすめるダイエット方法もある。

けれども、主食である穀類を徹底的に制限すると、摂取エネルギーが足りなくなるのは避けられない。ごはんを食べると太りやすいのであれば、主食をパンに替えればいいのだろうか。

ごはんは本当に太りやすい食べものなのか、パンと比べてみよう。100gあたりのエネルギーを比較すると、ごはんは156㎉なのに対して、食パンはその1・5倍以上の248㎉もある。バターたっぷりのクロワッサンにいたっては400㎉オーバーだ。同じ量なら、エネルギー摂取量はごはんのほうが明らかに少ない。

成分を見ても、ダイエットにはごはんのほうが適しているのがわかる。ごはんはとてもシンプルな食べもので、材料は米と水だけだ。これに対して、パンは小麦粉のほかにバター、タイプによってはショートニングやマーガリンを加えて作るので、ごはんよりも脂質がはるかに多い。

さらに、パンを作るには塩や砂糖も必要だ。食パンには100gあたり1・2g、フランスパンでは1・8gの塩分が含まれている。食パンは6枚切りの場合、1枚が60g程度。2枚食べると、それだけで1・5gほどの塩分を摂取することになるので、血圧の高い人は塩辛いおかずを合わせないように注意が必要だ。

食べたあとの血糖値の上昇具合を示すGI値はどうか。どちらも血糖値が上がりやすい高GI食品ではあるが、白米が88なのに対して食パンは95と、やはりこの比較でもごはんに軍配が上がる。

ごはんよりもパンのほうがヘルシーで太らない、と思っていた人は考えを改めるようにしよう。適量を食べるのであれば、ごはんはダイエットの味方。やせている人の多くは、ごはんを主食にしているはずだ。

ごはんをちゃんと食べる人は、甘いおやつがほしくならない

ダイエットをはじめる場合、まずはごはんの量を少なくしようと考えるのではないか。しかし、この方法は失敗に終わることが多い。意外かもしれないが、やせている人はごはんをちゃんと食べている。

ごはんの量を大幅に減らすと、当然、糖質が不足してしまう。こうした状態になったとき、体はもっと糖質をほしがるようになる。そこで、ついお菓子に手が伸びたり、食後のデザートを食べたくなってしまうのだ。

ごはんと違って、お菓子やデザートにはバターなどの脂質がたっぷり含まれている。食べる量は少なくてもカロリーは高いので、ごはんの量をある程度抑えても、トータルの摂取カロリーは簡単に上回ってしまう。主食のごはんよりも、間食のおやつを控えるほうが賢明だ。

世界一カロリーの少ない果菜、キュウリは太りたくない人の強い味方！

やせたい人は食品のカロリーが気になって仕方ない。その意味から、ギネスブックで「世界一、栄養のない野菜」に認定されたキュウリは大注目の食べものだ。

とはいえ、よく知られるこのキャッチフレーズは誤訳。正式な記録名は「Least calorific fruit」で、直訳すると「最もカロリーが少ないフルーツ」になる。実際、キュウリは95％が水分でできており、100g中のカロリーはたった13kcalしかない。たくさん食べても、まず太らない果菜なのだ。

では、栄養も少ないかといえば、そんなことはない。レタスと比べると、血糖値の上昇を抑える食物繊維の量は同じで、ビタミンCは約3倍も多い。しかも、キュウリには内臓脂肪を分解するホスホリパーゼという酵素が含まれている。キュウリはやせたい人の強い味方。食事の一品にするほか、おやつとしてかじってもいいだろう。

早く満腹になる秘密のジュース！特製「レモン水」を夕食前にゴクリ

「満腹」と「満腹感」は微妙に違う。満腹とは胃の中に食べものがいっぱい入った状態。これに対して、満腹感とは食事をとって血糖値が高まり、その作用によって満腹中枢が刺激されることをいう。ならば、必ずしも満腹ではなくても、満腹感を得るのは可能かもしれない。体のメカニズムを利用して、満腹感が早く湧くようにうまく操作すれば、食欲を抑えられそうだ。

早めに満腹感を得るために試したいのが、コップ1杯の水か炭酸水に大さじ1程度のレモン果汁を加えたレモン水だ。この爽やかなジュースを食事20分前に飲むと、レモンの香りや酸味が交感神経を刺激。食欲を増進するグレリンの分泌を抑える一方、食欲にブレーキをかけるレプチンの分泌を促して、早く満腹感がやってくる。この秘密のジュースを夕食前に飲んで、ダイエットを成功させた人は少なくない。

甘いジュースを飲んでも太らない人の血糖値上昇を防ぐ秘密の飲み方

頻繁に飲むと肥満につながるとはわかっていても、甘いジュースなどのドリンク類が好きな人は少なくない。

やせたいのなら控えるのがいちばんだが、禁止したことがストレスになり、甘いおやつなどに手が出て一層太ってしまう人もいる。

そこで、甘いドリンク類が好きにもかかわらず、なぜだか太らない人が実践しているアイデアを紹介しよう。方法は簡単で、水と交互に飲むのだ。こうすれば、血糖値の急上昇を抑え、糖類によるダメージを小さくすることができる。ウイスキーやスピリッツ類を飲むとき、その合間にチェイサーを口に含むような意味合いだ。

水と交互に飲むと、胃の中では甘味が随分薄まる。この状態に慣れていくと、甘さに対する依存度が低くなる効果も期待できそうだ。

やせてる人の大好きなフルーツは、果糖もショ糖も少ない赤いあの果実

果物には野菜と同じように、各種ビタミン類や食物繊維がたっぷり含まれている。このため、健康にいい食べものであるのは間違いない。生活習慣病などを予防する効果もあるので、農林水産省は1日あたり200~300gの摂取を推奨している。

基本的にヘルシーな食べものではあるが、果糖やブドウ糖、ショ糖などの糖分が多いのも確か。肥満との関連を考えるうえで、問題はここにある。なかでも果糖はブドウ糖とは違って、体内に入っても血糖値が上昇しない。このため、満腹感がなかなか得られないので、つい食べ過ぎてしまう傾向にあるのだ。

果物はあくまでも適量を食べるのが肝心。体重をコントロールできる人は、今日はみかん2個、柿1個といったように、あらかじめ食べる量を決めている。なかでも人気の果物はイチゴ。甘さの割には意外に糖分が少なめなのでおすすめだ。

寝坊して、朝食を食べる時間がない…そんな朝、やせてる人はバナナだけでも食べる

朝は食欲がないので、食べる気が起こらない。出勤の支度などで忙しく、朝食を準備する時間がない。こういった人は、バナナを1本食べるようにしたらどうだろう。

バナナは洗う必要がなく、皮をむいたらすぐに食べられる。忙しい朝のエネルギー補給源としてぴったりだ。体重を増やしたくない人、ダイエット中の人には一層おすすめできる。バナナ1本には食物繊維が2gほど含まれているので、食べたあとで血糖値がゆるやかに上昇し、摂取した糖質が脂肪に変わりにくいからだ。

バナナにはトリプトファンが豊富なのも大きなメリット。これを材料としてセロトニンが分泌され、食欲を抑えることができる。さらに、夜になるとセロトニンがメラトニンに変換され、その働きによって快眠できるという効果も得られる。朝のバナナ1本に秘められた健康効果は想像以上に大きい。

やせてる人が家でよく食べるのは、最もヘルシーな「1975年の家庭料理」

高度経済成長期以降、日本人の体格はめざましく大きくなってきた。ただし、数字が伸びたのは身長だけではない。残念ながら、体重はさらに激しく増加してきた。

1980年、肥満にあたる成人男性は17・8%、成人女性は20・7%だった。これに対して、2019年の「国民健康・栄養調査報告」では成人男性の33・0%、成人女性の22・3%が肥満になった。男性は中年といわれる年代で特に多く、40歳代の39・7%、50歳代の39・2%と、5人集まれば2人は肥満というありさまだ。女性の場合は50歳代で初めて20%を超え、60歳代で28・1%と最も高くなっている。

何となく、いまの若者を見る限り、日本人は昔よりもスラッとしたスタイルになったような気がするかもしれない。しかし、実際には50年前の日本人のほうがずっと太っていなかったわけだ。肥満に直接つながるのは食生活なので、昔の日本人はいまよりもはるかに健康的な食事をしていたことになる。

では、どの時代の日本人の食事が最もヘルシーだったのか。このテーマを追求した東北大学の研究があるので紹介しよう。

研究では厚生労働省の資料を使って、1960年から2005年までの食事をくまなく調査。その結果、1975年の食事が最も肥満を抑え、生活習慣病や認知症の予防効果があり、寿命が延びることを突き止めた。

理想的な1975年の食事はどのようなものだったのか。特徴は5つある。
①いろいろな食材を少しずつ食べる
②調理法では「煮る」「蒸す」「生」を優先し、「揚げる」「炒める」は控えめにする
③大豆製品や魚介類、果物、海藻、キノコ、緑茶をよく摂取する
④だしや発酵系調味料をうまく活用し、砂糖と塩は控える
⑤一汁三菜を基本とする
いずれも特別なことではなく、すぐに実践できそうなものばかり。何歳になってもスマートな体型を維持している人は、普段からこうした食事をとっていることだろう。

沖縄が好きで、おばぁが作る伝統料理も好き。こんな人は太りにくい

かつては女性が長寿日本一の地位を長く独占し、男性の平均寿命もトップクラスだった沖縄。健康と太らない体を維持するうえで、当時よく食べられていた伝統的な料理は大いに参考になるはずだ。

沖縄の伝統食は世界的に注目されており、米国立老化研究所（ＮＩＡ）が２０１４年に発表した論文では、バランスが取れたカロリー制限食として紹介されている。

その論文では、抗酸化作用の強いアントシアニンが豊富な紅芋、糖尿病や高血糖を予防するモズクやヒジキなどの海藻、炎症やがん、アルツハイマー型認知症に効くクルクミンの豊富なウコンなどをピックアップ。加えて、カロリーが一般的な食事よりも10～15％低く抑えられていることを賞賛している。沖縄の伝統料理から活かせる知恵はたくさんあるので、ぜひ食生活に取り入れてみよう。

モズク酢が大好物の人は脂肪肝が少なくておなかも出ていない

長寿王国だった沖縄で、昔からよく食べられてきたモズク。この海藻を毎日食べていれば、いつの間にか体型がすっきりし、健康診断の結果も良好になる可能性が高いことを知っているだろうか。

モズクに含まれている有効成分は、黒褐色の色素であるフコキサンチン。抗酸化作用の高いカロテノイドの一種で、内臓脂肪に働きかけて、燃やして減らす機能を持っている。太っている女性を被験者とした研究では、1日に2・4㎎のフコキサンチンを摂取してもらったところ、体重が減って脂肪肝の数値も改善したという。

市販のモズク酢1パックには、フコキサンチンが1㎎程度含まれている。しかもカロリーはわずかで、食物繊維は豊富。加えて、酢には血糖値を上げにくくする効果もある。モズク酢ほどダイエットに向いている食品は珍しいかもしれない。

じつは、やせてる人の主食は「白ごはん」ではなく、「もち麦入り」だった!?

主食を制限していないのに、なぜだかやせている。そういった人は、家で白ごはんを食べていないことが多い。

白米は優秀な主食だが、食物繊維にスポットを当てると、より優れた穀物がある。そのひとつは玄米だ。白米の4～5倍の食物繊維が含まれているので、食後の血糖値が上がりにくくなり、糖が脂肪にあまり変わらずに済む。食べても太らないのに加えて、胃腸の調子も良くなっていくはずだ。

とはいえ、玄米は炊きにくく、食感にやや難があるのも事実。そこで、おすすめしたいのが白米の20数倍も食物繊維が含まれているもち麦だ。白米を3割程度減らし、もち麦をその分加えるだけでいいだろう。これで毎日欠かさず、十分な量の食物繊維をたっぷり摂取することができる。

具だくさんの「おかず味噌汁」が太らない食卓の決め手になる！

やせたい人に向けて、ぜひおすすめしたい簡単な料理がある。家でとる朝食や夕食で、具をたっぷり入れた味噌汁を食べるのだ。

日本人の野菜の摂取目標は1日350g以上。しかし、どの年代もこの量をクリアできておらず、男女ともに20歳代から50歳代までは300gにも達していない。この深刻な食物繊維不足を補えるのが、野菜たっぷりの味噌汁だ。

食物繊維による肥満防止効果なら、具だくさんのスープでも期待できる。しかし、味噌汁にはスープにはないメリットがある。和食によく合うということだ。

和食には煮る、蒸すといった脂っぽくない料理が多く、炒めたり揚げたりが多い洋食や中華料理よりもカロリーを抑えられる。メニューに「味噌汁しばり」を加えるだけで、料理は自然とヘルシーになっていくというわけだ。

食卓に「卯の花」がよくのぼる家に太った人はいない!?

豆腐を作るとき、大豆から豆乳を搾り取ったあとに残るおから。健康的にやせたい人にとって、これほど魅力的な食材はない。

おからは100gでわずか88kcalしかない低カロリー食品で、しかも食物繊維がたっぷり含まれている。日本人の1日の食物繊維の摂取目標は男性21g以上、女性18g以上。おから100gには11・5gも含まれているので、それだけで目標量の半分以上を摂れることになる。

たんぱく質やカルシウムもじつに豊富。大豆たんぱくには脂肪の燃焼を促すホルモン、アディポネクチンの分泌を増やす働きがあることも見逃せない。

サラダや卯の花、おからバーグなど、多彩なおから料理を食卓に並べ、元気な体を保ちながら体重をコントロールしよう。

やせてる人は、春の野菜や山菜を心待ちにしている

寒い時期がようやく過ぎ、春を迎えるころになると、スーパーの食品売り場に並ぶ季節の食材がある。フキノトウやタラの芽、ゼンマイなどの山菜だ。この時期には調理済みの総菜も売られるので、こちらのほうが買い求めやすいかもしれない。

春の山菜はいずれも独特の苦味を持っている。この山菜ならではは風味を好まない人もいるが、じつにもったいない話。苦味には胃腸に働きかけて、胃の健康状態を改善したり、便通を良くしたりする効果があるからだ。薬膳では体内の解毒を促すと考えられ、いわゆるデトックス効果により、便秘が改善されて胃腸がすっきりする。やせている人は旬の季節、積極的に食べていそうだ。

こうした苦味は山菜のほか、菜の花や芽キャベツといった早春の野菜にもあるので、メニューに取り入れてみよう。

暑い…。でも、アイスを食べれば太る。夏のおやつは「冷凍ブルーベリー」で決まり！

暑い季節には、冷たいおやつがほしくなる。しかし、体重を増やしたくないのなら、そこはぐっと我慢しよう。

アイスには砂糖がたっぷり使われているので、血糖値が急激に上昇し、脂肪を溜め込みやすくなるからだ。やせてる人は、決して毎日、アイスをおやつにするようなことはしない。

冷たいものを食べたいのなら、アイスの代わりに冷凍ブルーベリーをつまむのはどうだろう。

ブルーベリーにはミカンの4～5倍、リンゴの2倍以上も食物繊維が含まれている。このため、食べても血糖値が急激に上がらない。

しかも、紫色の色素であるアントシアニンの抗酸化作用は強く、目の疲れに効くほか、脂肪の生成を抑える働きもある。食べておいしく、太りにくく、健康にもいいフルーツなのだ。

ブルーベリーの旬は梅雨時から真夏にかけて。安価なときにたくさん購入し、冷凍庫で凍らせておこう。

part

5

やせてる人の「運動」の習慣、ぜんぶ集めました。

やせてる人はみんな、
運動が大好きかといえば、
じつはそんなことはない。
運動嫌いでも太らない人の
カロリー消費術をマネしよう!

やせてるのに運動は大嫌い。そんな人が日々、無意識にやっていること

当たり前の話だが、体をしっかり動かすと、エネルギーをたくさん消費できる。運動が大好きな人は、ジムに通ったり近所をランニングしたりと、気持ち良く体を動かして体重をコントロールしている。

とはいえ、そもそも太っている人には運動嫌いが多い。こういった人は、ダイエットは運動とセットにすると効果があがる、と正論で呼びかけられてもなかなか実行しないだろう。では、どうやってエネルギーを消費すればいいのか。

じつは、運動で汗を流す代わりに、1日中、何かとちょこまか動くだけでも、けっこう大きなエネルギーを消費できる。運動に励まなくてもやせているのは、そういった習慣が身についている人たちだ。

人間は基礎代謝などによって、じっとしていても大量のエネルギーを消費する。身

体活動によって消費する割合は、1日の総エネルギー消費量の3割程度。そのうち運動によるものは2割ほどで、残りの大部分を運動以外の動きで消費している。これを「非運動性活動熱産生（NEAT）」という。

通勤や仕事での動作、階段の昇り降り、座ったり立ったりする動き、掃除や料理といった家事など、日常の動作で使うエネルギーのことだ。

太っている人は何かと動きが鈍く、1日のNEATの量をみると、標準体重の人よりも約350㎉低いという研究もある。これはショートケーキ1個分のカロリー。肥満の原因は食生活だけではなく、何気ない体の動かし方も大きな要素だったのだ。

となれば、運動嫌いの人がやるべきなのは明らか。日ごろからちょこまか動いて、座ったままで過ごす時間を減らし、何か行動するときは素早く動くように習慣づけることが大切だ。

とくに運動はしなくても、こうしたことを心がけるだけで消費エネルギーは増えて、その結果、少しずつ体重を減らせる可能性がある。運動嫌いの人は、試さない手はないだろう。

やせるぞ！と一念発起。ジョギングするのは、朝食前？夕食後？

一念発起し、ジョギングでやせた人が実行したのは、次のどちらの方法だろう。①朝食をとる前、②夕食をとってから。答えは①の朝食前。前夜の夕食から長時間たっているので、おなかが空いている。何かを食べたあとに運動をするよりも、こうしたときのほうがダイエット効果は高くなるのだ。

通常、運動をはじめると、筋肉に蓄えられたグリコーゲンが先にエネルギー源となり、やや遅れて脂肪が燃やされる。しかし、空腹時に運動をすると、はじめから脂肪が燃焼されやすい。このため、朝食前のジョギングがダイエットにはより有効といえるわけだ。

ただ、空腹時に激しい運動をすれば、低血糖になる恐れもある。長めの距離を走るような場合は、バナナ１本程度は食べておいたほうがいいだろう。

太らないための予防策。やせてる人の運動は、食前？食後？

太っている人がやせたいのなら、おなかが空いているときに運動するほうが、体重減少の効果があがりやすい。とはいえ、いますでにやせている人なら、脂肪を燃やす必要はない。狙いを変えて、太らないための予防策として、食事のあとで運動している人が多いのではないか。

食べたあと、ごはんなどに含まれる糖質はブドウ糖になって血液中に入る。つまり、血液中にはエネルギー源がたっぷりあるわけだ。こうした状態のときに運動をすれば、糖がどんどん筋肉に送られて消費される。

運動で糖が大量に消費されればされるほど、肝臓に送られて脂肪になる量は少なくなる。その結果、食べた分が脂肪になりにくいというメカニズムだ。食べたあとすぐの運動は消化に悪い。体を動かすのは食後30分ほどたってからにしよう。

10分を1日3回！スマートな人は「こま切れ運動」で体型を守る

ジョギングやウォーキングなどの有酸素運動をする場合、少なくとも20分以上続けないとダイエットには効果なし、と聞いたことはないだろうか。

有酸素運動をはじめると、開始後20分以上たってから脂肪の燃焼割合が増えるとされてきたからだ。しかし、最近の研究によって、ダイエット効果は運動の継続時間とはあまり関係がないことがわかってきた。

ある研究で、30分の運動を1日1回行った場合と、10分ずつの運動を1日3回行ったときの減量効果を比較したところ、両者に差はないという結論になった。運動を続ける長さよりも、トータルでどれほどの運動をするかのほうが重要だったのだ。

運動はこま切れでもOKとなると、気が楽になるのではないか。ランチ後の休憩時間など、ちょっとしたすき間時間を見つけてウォーキングなどをしてみよう。

たった30分!?
カロリーは消費しないのに太らない運動とは

運動で大量のカロリーを消費するには、相当な時間、体を動かさなくてはいけない。しかし、早足のウォーキング程度の運動習慣しかなくても、やせている人はたくさんいる。運動で得られる効果は、カロリーを消費するだけではないからだ。

有効なのは、30分ほどのややきつめの運動。この程度の運動では、板チョコ1かけらほどのカロリーしか消費できないが、狙いは別のところにある。「幸せホルモン」のセロトニンを脳に働かせることができるのだ。

セロトニンが不足すると、不安やイライラ感を覚えるようになり、そのストレスを食事によって解消しようとしがち。運動効果でセロトニンが分泌すると、心が安定して幸せな気分になり、ストレスを忘れて食欲を感じにくくなる。ダイエットで行う運動は、単に脂肪を燃焼させるのが目的ではないことを知っておこう。

おなかをへこますには「腹筋運動」？いや、やせてる人の筋トレは「スクワット」

太っている人のなかでも多いのが、おなかがぷっくり出ている体型。いかにも中年太りという感じで、食生活が乱れているというマイナスイメージも与える。

この体型を何とかしたいと思ったら、まずは腹筋運動に励むのではないか。仰向けになって、上体をせっせと持ち上げるおなじみの運動だ。しかし、腹筋運動をいくらやっても、残念ながらおなかはへこまない。

おなかが出ているのは、内臓まわりに内臓脂肪がつき、筋肉と皮膚の間にも皮下脂肪ができているからだ。おなかまわりをすっきりさせるには、こうした無駄な脂肪を落とさなくてはいけない。腹筋運動をしようと考えるのは、おなかをへこませるには、同じおなかの筋肉を使うのが効果的だと思うからだろう。

だが、筋肉を鍛えたからといって、その周囲の脂肪が減ることはない。脂肪を落とすには、エネルギーを消費する必要がある。ところが、一般的な腹筋運動で使う筋肉は、おなかの正面に縦に伸びている小さな腹直筋だけ。おなかに力を込めながら、20回や30回行ったところで、たいしたエネルギーは消費できない。腹筋運動を毎日の習慣にしても、ふくらんだおなかは一向に引っ込まないのだ。

つけ加えると、一般的な腹筋運動に励んで腹直筋を鍛えても、おなかを引き締めるのは無理。腹直筋だけが強化されても、その両脇に内臓脂肪や皮下脂肪がはみ出るので、おなかは変わらずふくれたまま。いわば、風船を手のひらで押し、そのまわりがぷっくりふくれるようなものだ。

やせている人がよく行っている筋トレは、大きな筋肉が集中している下半身を鍛えるスクワット。この運動なら筋肉が効率良く増え、基礎代謝がアップして消費エネルギーを増やすことができる。

運動には筋トレのような無酸素運動のほかに、ジョギングや早足のウォーキング、自転車こぎといった有酸素運動がある。内臓脂肪を減らすには有酸素運動のほうが効果的なので、できれば、あわせて行うようにするといいだろう。

締まった体型の人は椅子に座るとき、7秒かけてゆっくり、ゆっくり腰を下ろす

簡単な筋トレで、最も効果的なのはスクワット。全身の60～70％の筋肉が集まる下半身が鍛えられ、じっとしていてもエネルギーをより多く消費できるようになる。

日ごろの日常動作をちょっと変え、少し頑張ってみるだけで、このスクワットに近い効果を得ることが可能だ。名づけて、「7秒かけて座るだけエクササイズ」。椅子に座るときに、7秒かけてゆっくり座り、次に1秒程度ですくっと立つだけだ。この動作を1日に10回行ってみよう。座るまでの動作をスローにするのがポイントで、実際に試してみると、このとき筋肉に強い負荷がかかるのがわかるだろう。

職場のやせている同僚が、いつも椅子にゆっくりと座っているのなら、この運動習慣をこっそり実行しているのかもしれない。

part 6

やせてる人の「お酒とおやつ」の習慣、ぜんぶ集めました。

「辛党」の人はお酒、
「甘党」の人ならおやつ。
きっぱり断たなくても、
不思議と全然太らない人の
意外な習慣が大集合！

飲んでも太らない人が、飲み会の前夜にやっていることとは？

明日はどうしても断れない飲み会。最近、体重が減らないで困っているけれど、出席しないわけにはいかない。おいしい料理がたくさん並びそうな飲み会だから、食べ過ぎないように注意しなければ……。

こういったとき、飲んでも太らないように律している人は前夜、布団に入るのが早い。食欲をコントロールしようと、睡眠をたっぷりとっておくためだ。

睡眠が不足すると、食欲を増進するホルモンであるグレリンの分泌が増加する。体が「たくさん食べたい」という状態になっているので、飲み会のときはつい食べ過ぎてしまう可能性が大きい。この失敗を防ぐため、よく眠っておくというわけだ。

飲み会の前夜は、入眠を良くするためにぬるめのお湯に浸かる、睡眠の質を高めるためにお酒は飲まないなど、快眠に向けた対策を心がけよう。

太りたくない。でも炭水化物を食べたい。そんな人がシメに頼んでいるメニューはコレ！

お酒を飲んだあと、シメにラーメンを食べるのは最悪だ。ダメな理由は考えるまでもないだろう。

とはいえ、飲むとなぜだか麺類やお茶漬けなどのごはん類を食べたくなる。この欲求が湧き上がるのは、アルコールを処理するために体内の糖が使われるからだ。人間にとって、昔から最も重要なエネルギー源なのが糖質。不足すると、体が危機を感じて食べたくなってしまう。

そこで、太りたくない人は、あとでラーメンを食べたくならないようにひと工夫する。飲んでいる最中に焼きおにぎりを食べて、糖質を補っておくのだ。本来、飲酒時には糖質豊富な料理を控えたほうがいいが、最後にラーメンを食べるよりはずっとまし。焼きおにぎりで血糖値をやや上げておけば、体の欲求をかわすことができる。

残業後、ストレス解消に1杯だけ飲みたい。ならばつまみは、キュウリで決まり！

残業をして、心身ともに疲れて帰宅。夕食はとっているけれど、一杯飲んでストレスを解消したくて、冷蔵庫から缶ビールを取り出した。こうしたとき、体重を気にする人が選ぶつまみは何だろう。

ストレスがたまった日の遅い晩酌で、しかも太りたくないのなら、ベストのつまみはキュウリ。カロリーが少ないうえに、適度な噛み応えがある。サクサクとリズム良く噛んでいると、幸せホルモンのセロトニンが分泌。その効果によって、しだいに気持ちが安らいでいき、残業時にたまったストレスを忘れていく。脂肪の代謝を促すホスホリパーゼという酵素が含まれているのも、キュウリのいいところだ。

夜遅いときでなくても、キュウリは酒のつまみとして絶好の食材だ。もろきゅうやナムルなどにして、お酒に合わせるといいだろう。

飲んでも太らず、健康も損ねない。冷蔵庫を使ったとっておきのアイデアとは

お酒好きに都合の悪い情報はいくらでもある。1日にビールなら中瓶1本、日本酒は1合までに控えよう、というのは厚生労働省だ。最近の研究では、アルコールは少量でも体に悪い、という一層耳の痛い説も報告されている。

どうやら、アルコールは本当に体に良くないようだ。何よりも肝臓の負担が大きく、脳卒中やガンの原因にもなることはよく知られている。

体重が気になる人にも、お酒を飲む習慣は大敵だ。カロリーが問題なのではない。アルコールは1gあたり約7kcalだが、飲むと代謝が上がって、その程度のカロリーは燃焼するともいわれている。しかし、アルコールが肝臓で分解される過程で、中性脂肪が作られてしまうのだ。カロリーを消費するからOKというわけではない。

しかも、お酒を飲むとアルコールを分解するために、糖が多く使われる。その結果、

血糖値が下がって、脳は「何かを食べたい！」という指令を出す。お酒を飲むとどうしても食べ過ぎて、あとでラーメンを食べたくなるのはこのためだ。

しかし、飲まないほうがいいと理解はできても、実行するのはなかなか難しい。そこで考え方を変えて、「飲まない」ではなく、「飲めない」方向にチェンジする人がいる。飲んでも太らず、健康も損ねないアイデアにならってみよう。

たとえば、冷蔵庫で缶ビールを１本だけ、またはせいぜい２本を冷やし、それ以外は室内の常温の場所に保管しておく。生ぬるいビールはまずいので、それ以上飲む心配がなくなるというわけだ。

日本酒をよく飲む人の場合、１升瓶や４合瓶ではなく、３００㎖入りの小さな瓶しか買わないようにする。もっと容量の少ないカップ酒なら、一層、飲み過ぎを防ぐことができる。ハイボールや酎ハイが好きなら、お酒を割る炭酸水を１８０㎖入りにすれば、何杯も飲むことはできない。

はじめは物足りないだろうが、だんだん慣れていく。いや、慣らさないと少しずつ太っていき、やがて健康も損ねてしまうのだ。

やせてるワイン好きの人は、「背の高い細めのグラス」で脳をだます

食べたり飲んだりしたときの満腹感や満足度は、実際に口にした量とはじつは関係がない。重要なのは脳がどう感じるか。たとえば、小さな茶碗でごはんの大盛りを食べると、大きな茶碗に少なめに盛った場合よりも満足する可能性がある。

健康でいたいし、太りたくもない。とはいえ、禁酒もしたくない。そういったわがままなワイン好きは、この脳の働きを利用して背の高い細めのグラスで飲む。こうするだけで脳はだまされて、グラスにたっぷり入っているように錯覚する。それほどグラスを重ねなくても、ああよく飲んだと満足できることだろう。

同じ意味から、ウイスキーなどをロックで飲む場合は、グラスに氷を多めに入れて、注ぐ量を少なくする手がある。脳をだます悪知恵のようなテクニックだが、意外に効果的なので試してみよう。

「とりあえずビール」をアレに変えるだけで、スリムな人の仲間入り!?

お酒に含まれているカロリーは、飲んでいるうちにさほど問題なく消費できる。しかし、いきなり一気飲みすれば話は違う。

仕事終わりなどに、気の合う仲間たちと居酒屋に集い、ジョッキを掲げて乾杯する。あるいは、帰宅して風呂に入って疲れを癒し、まだ体がほてっているうちに缶ビールを手にする。こうして飲むビールは格別の味わいだ。今日も1日頑張った、と自分をほめながらゴクゴク飲んでしまうだろう。

そして一気に血糖値が上がり、インスリンがさばき切れなかった血糖が脂肪に変わる。お酒を飲んでも体重が増えない人は、決してこういった飲み方はしない。

適正体重をキープしたいのなら、最初に飲むビールはノンアルコールタイプ。いったんのどの渇きをいやせば、もう一気飲みすることはないはずだ。

天ぷら、刺身、唐揚げ、焼き鳥…やせてる人はつまみに何を頼んでる？

お酒を飲んだら、何かを食べたくなるのは体の正常なメカニズム。胃に適量の食べものが入っていれば、アルコールの回り方をゆるやかにすることができるので、食事をしながら飲むのは正解だ。

しかし、だからといって、どんどん食べていては太らないはずがない。飲んでいる最中にピザや揚げ物など、糖質や脂質たっぷりの料理を食べるのは、肥満にまっしぐらの悪習慣といえる。

スリムな人は、お酒のつまみに、糖質が少なくてカロリーの低いものをチョイス。たんぱく質なら刺身がベストで、鶏肉は唐揚げではなく焼き鳥にする。消化の働きがゆっくりになる山芋千切りやオクラ、モズクといったネバネバ食品、食物繊維が豊富な枝豆なども酒の肴にぴったりだ。脂っこくなく、糖質控えめなものを選ぼう。

おやつ好きなのに太らない人は、1個ずつ包装されているお菓子がお気に入り

甘いものを食べるのを我慢すればするほど、どんどん食べたくなっていく。この体の仕組みは変えられないので、その欲求を上手にそらす方法を身につけるようにしたいものだ。

たまにおやつを楽しんでも、食べる量が少ないと太らない。しかし、ショートケーキやまんじゅうをひと口だけ食べるわけにはいかない。そこで、面倒くさがりの人におすすめするのが、1個ずつ包装されているお菓子だ。

たとえば、チョコレートなどにはこういったタイプが少なくない。これらを食べるときには、包装をいちいち取る必要があるが、ちょっと面倒なので、大量に食べる気にはあまりならないのだ。おやつを少量でとどめるためのアイデアとして、頭に入れておこう。

スリムな人が食べるチョコは、「高カカオ」「GABA」「オリゴ糖」の3タイプ

口が寂しいとき、ついつまみたくなるのがチョコレート。ダイエット中でも、ストレスによるリバウンドを避けるという意味から、ときには好きなものを食べて発散するのは悪いことではない。

基本的に、注意すべきなのは食べる量。それに加えて、どういうタイプを食べるのかもポイントとなる。

おやつ好きなのにスリムな人が真っ先に選ぶのは高カカオタイプ。カカオの割合が多いほど、食物繊維も豊富だからだ。

高カカオタイプのチョコに含まれている食物繊維の量は、ミルクチョコの3倍強、ホワイトチョコの約22倍とはるかに多い。一方、使われている砂糖の量は5～6割程度しかない。当然、高カカオタイプのほうが食べても血糖値が上がりにくく、ずっと

太りにくい。

材料にＧＡＢＡが加わっているかどうかも、選ぶ際の重要なチェックポイントとなる。ＧＡＢＡとは人間の脳にも存在するアミノ酸の一種。緊張やストレスをやわらげる、睡眠の質を高める、血圧を下げるといった機能を持つことがわかっている。

ＧＡＢＡは普段、体内で十分な量が作られているが、強いストレスがあったり、緊張や興奮状態が続いたり、体が疲れたりしたときには不足する。そうなると、寝つきが悪くなって、質の良い睡眠を取れなくなってしまう。

おやつにときどき、ＧＡＢＡ入りチョコレートを食べて、効率良くＧＡＢＡを摂取すると、安眠できて太りにくい体になる可能性があるというわけだ。

チョコレートの糖分に関しては、通常の砂糖ではなく、オリゴ糖を使っているものがある。このタイプも、太りたくない人の有力なおやつ候補のひとつだ。

オリゴ糖は体に吸収されない特殊な糖で、摂取すると腸の中で細菌のエサになり、腸内環境を整えてくれる。その高い整腸効果によって、脂肪を燃やしやすい体に変身できるかもしれない。

体重オーバーの人はポテトチップス、スラッとした人は焼き芋をおやつにする

おやつによく、焼き芋やスイートポテトを食べている人がいる。いかにも太りそうな食習慣だが、意外にもスラッとした体形を維持。こうした人が実際にいても、まったくおかしくはない。

一般的なイメージとは違って、じつはさつまいもは太りにくい食べもの。食後の血糖値の上昇具合を示すGI値は44しかなく、代表的な低GI食品なのだ。血糖値が上がりにくければ、食べた糖質が脂肪に変わりにくい。カロリーが少々多めでも、太りにくいというわけだ。

焼き芋をはじめ、芋ようかん、スイートポテトなど、好きなものをおやつに食べればいい。さつまいもには食物繊維が多いので、腸内環境が整えられて、おなかから健康になる効果も期待できる。

おやつにシュークリームは厳禁？
いや、やせてる人は意外に食べている！

ポピュラーな甘いおやつのなかでは、意外にもシュークリームが太りにくいことを知っているだろうか。

シュークリームの生地は薄くて、クリームを包んでいるだけ。ショートケーキと比較すると、でんぷんは4割ほどしか使われていない。砂糖もショートケーキの6割ほどと控えめだ。

しかも、クリームには卵や牛乳などがたっぷり使われており、脂質やたんぱく質が多いことから、消化されるのに時間がかかる。スイーツのなかでは血糖値が急激に上昇しにくく、食べたものが脂肪に変わりにくいのだ。

コーヒーを飲みながら食べると、血糖値を下げるクロロゲン酸効果によって、一層太りにくくなる。

part

7

やせてる人の「腸」を元気にする習慣、ぜんぶ集めました。

やせてる人と太っている人は、
見た目だけではなく、
腸の元気さもまったく違う。
太らない体になるために
重要なのは腸内環境だ。

「体育座り」と「正座」。腸内環境が整う座り方はどっち？

同じような内容の食事をとっていても、誰もが似たような体格になるとは限らない。Bさんは太っているが、Aさんはスマートというようなことはごく普通にある。体型が異なる大きな理由として考えられるのが、腸内環境の良し悪し。Aさんがやせているのは、腸内に善玉菌がたくさんいるからではないか。

善玉菌は食物繊維をエサにして、短鎖脂肪酸という脂肪酸を作り出す。短鎖脂肪酸は非常に有益で、脂肪が燃えるのを促したり、脂肪細胞が栄養を取り込むのを抑えたりして、体重が増えないように働いてくれる。

一方、腸内に悪玉菌が多い場合は、短鎖脂肪酸があまり作り出されないので、太りやすい体になってしまう。こうした体のメカニズムから、体重を減らしたいのなら、とにかく腸内環境を整える必要があるわけだ。

腸内環境を整えるには、食物繊維の多い野菜やおから料理、乳酸菌が豊富な発酵食品などをたくさん食べるのが基本だ。加えて、この章では意外なアプローチから、腸内環境を整える方法を探っていこう。

まず姿勢について。床にぺたっと座るとき、どういう座り方をしているだろうか。楽に姿勢をキープできるのは、子どものころから体になじんでいる「体育座り（三角座り）」かもしれない。立てたひざに腕を回して支える座り方だ。

体に優しい姿勢のようなイメージがあるが、じつは体育座りは体の負担が大きい。どうしても背中が丸まるので、腹部が窮屈になり、腸が圧迫されてしまうのだ。当然、腸の動きが悪くなり、腸内環境にも悪影響が出やすい。

腸内環境が整っている人、つまりやせやすい人は、腸に負担がかからない正座を好む。両足のかかとをくっつけて、その上にお尻を乗せるようにするのがコツだ。こうすると骨盤が立ち、腹部のスペースが広くなって腸がスムーズに動く。

正座がつらければ、あぐらをかいてもいい。ただ、あぐらは骨盤が後ろに下がりやすい。お尻にクッションを敷くと、骨盤が立ちやすいので試してみよう。

足を組むクセを直せば、腸が元気になって太りにくくなる

椅子に座るとき、脚を組む人は非常に多い。何となく落ち着く、座る姿勢が安定する、といった理由からだろうか。しかし、座るときに脚を組むのがクセになると、腸の働きがしだいに悪くなって、だんだん体重が増えていくかもしれない。

脚を組むと、骨盤が正常な位置からずれて、前後左右に傾いてしまう。この状態は腸のためにいいわけがなく、ずれた骨盤の中に腸が落ち込むことさえある。ほかにも、脚の血流が悪くなったり、腰痛につながったりとデメリットばかりだ。

必ず足を組んで座る人は、すでに骨盤がかなりずれている可能性がある。脚を組み続けると、そうした骨盤のゆがみを助長するので、きちんと両足を床につけて座るように心がけよう。椅子に深く座るのも大事で、こうすれば骨盤がしっかり立って、腸にも腰にも負担がかからなくなる。

スマホを持つ位置と「腸内環境」「太る・やせる」の密接な関係

スマホを見るとき、どのような位置で持っているだろうか。顔まで上げて、目と同じ高さで操作をする人は、うつむかないので首が疲れにくい。

背筋もピンと伸びやすいので、胃腸をはじめとする内臓が働きやすく、消化・吸収活動などがスムーズに行われる。手で持ち上げていることから、腕がやや疲れやすく、無意識のうちにときどき小休止するのも目のためのメリットといえる。

一方、スマホを目の高さで持つ人よりも多いのが、胸の高さで持つ人だ。こうすると、腕が疲れにくいが、目線がかなり下を向くので、背中が丸まった猫背になってしまう。立っているときも座っているときも、腸のために猫背は良くない。腹部で腸が窮屈になってしまうので、働きが落ちてしまうのだ。その結果、腸内環境が悪化し、太りやすい体のできあがり、ということになる。

スリムな人は知っている、腸にもうれしい砂糖の代用品

砂糖がたっぷり入ったお菓子やケーキはたまらない味わい。体重がなかなか減らない人は、こうしたスイーツ類につい手が出るのも理由のひとつではないか。

確かに、砂糖は太りやすい食品だ。1gあたり約4kcalあり、食後には血糖値も上昇させやすい。ショートケーキ1個には25gほども含まれているので、ダイエット中の人なら食べるのにちょっとした覚悟が必要かもしれない。

スマートな体型をしていて、しかも栄養学の知識が少々ある人は、このダイエットの敵を口に入れなくて済む方法を知っている。砂糖の代用として、料理にオリゴ糖という糖の一種を使うのだ。オリゴ糖で甘さを出した食品を買うこともあるだろう。

では、オリゴ糖とはどういったものなのか。糖質には大きく分けて、最小単位の単糖類〈ブドウ糖と果糖〉、単糖類がふたつ結びついた二糖類〈ショ糖（砂糖）と麦芽

糖〉、単糖類が多数つながった多糖類〈デンプンなど〉がある。

オリゴ糖に明確な定義はないが、単糖類が3個以上結合したものがこう呼ばれることが多いようだ。アスパラガスやタマネギに含まれているフラクトオリゴ糖、大豆にある大豆オリゴ糖、母乳や牛乳から作られるガラクトオリゴ糖などに代表される。

ダイエット中の人にうれしいのは、腸でほとんど消化・吸収されず、血糖値を上げる原因にならないことだ。摂取されたオリゴ糖は大腸まで進んで、そこでビフィズス菌のエサになり、腸内環境を整えるという働きも持っている。

よく使われているフラクトオリゴ糖の甘味は、砂糖の30％程度。おだやかな甘さではあるが、その味わいは砂糖によく似ている。このため、砂糖から切り替えてもそれほど違和感はないだろう。血糖値を上昇させないことに加えて、カロリーは砂糖の半分程度と少ないので、太る心配はぐっと減りそうだ。

ただ、腸まで届いて作用するという特殊性もあって、使いはじめに多く摂取すると、おなかがゆるくなることもある。徐々に慣らしていきながら、使う量を増やしていくようにしよう。

腸のために副交感神経を刺激する、とても簡単で有効な方法

腸をよく働かせるには、心身ともにリラックスすることも大切。こうした状態のとき、自律神経の副交感神経が優位になっている。その逆に、交感神経が優位になると、腸のぜん動運動が停滞するので消化・吸収がうまく行われない。

こうした自律神経の働きから、腸のためには副交感神経を刺激するのが有効ということになる。そこで、やせている人がよく試みるのが、深くてゆっくりした呼吸。じつは呼吸と自律神経とは深い関係にあり、ゆっくりと深い呼吸をすると副交感神経が刺激され、速くて浅い呼吸をすれば交感神経の活動が高まることがわかっている。

ストレスを感じるときには、深くてゆっくりした呼吸を意識して、副交感神経の活動を高めるようにしよう。寝る前にもこの呼吸はとても有効だ。リラックスできるので、腸の働きにいいばかりではなく、眠気を感じて入眠しやすくなる。

スリムで冷え性の人は、足の裏にこっそりカイロを貼っている

腸の働きを良くするには、体の温かさを保つことが大切。体が冷えると、交感神経が優位になり、腸の働きが抑えられてしまう。

冷え性の人は、やせやすい体を作るためにも、寒い季節はしっかり防寒対策をとりたいものだ。夏でも冷房がよく効いた空間で仕事をする場合、体が冷えてしまうことがある。そういったときも体を温めるようにしよう。

高機能のインナーウェアを着たり、厚い上着を羽織ったりするのはもちろんだが、おすすめしたいのがカイロをうまく使うこと。貼る場所は、有効なツボが集中している足の裏がいい。足の裏の温度が上がると、血管を通して全身にその温かさが伝わっていく。なお、足の裏専用のカイロは、一般的なタイプよりも温度が上がりやすいので、他の場所に貼ってはいけない。

やせてる人はあっさり薄味が好き。濃い味を好むと腸がむくんでしまう！

太っている人はこってりした濃い味、やせている人はあっさり味が好きだというイメージがある。おそらく、これは本当だ。

塩味の濃い料理を食べたら、体内の塩分が過剰になるので、多くの人は水をごくごく飲んで対処しようとする。大量の水によって、何とか塩分は処理されるものの、飲んだすべての量がその働きに使われるとは限らない。余ってしまった水は腸の中にたまったままになり、その結果、腸がむくんでしまう。

もちろん、むくんだ腸は健康的な状態ではない。腸内環境は悪化し、善玉菌が減少して、太りやすい体になってしまうのだ。

太っていて、塩味の濃い料理が好きな人は、あっさりした味つけのものへと嗜好をシフトしよう。それだけで、やせやすい体に変身できるかもしれない。

やせてる人の食卓が何だか茶色くて黒っぽいのはなぜ？

太っている人の食卓を見ると、白っぽい部分が多いのではないか。これに対して、やせている人の食卓は、茶色っぽかったり黒っぽかったりする。この違いはどこからくるのだろうか。

白っぽい理由としてまず考えられるのが、しっかり精製された穀物を主食にしていることだ。

白米や白い食パンなどがそうで、精製の段階で皮や胚芽部分に含まれる食物繊維が失われている。このため、食べたら血糖値が上昇しやすく、その後、インスリンが処理し切れない糖が脂肪に回りやすいのだ。

血糖値が上がりにくい穀物は、玄米やもち麦、全粒粉パン、ライ麦パンなど、精製の低さなどから皮や胚芽部分が残っており、食物繊維が豊富に含まれているライ麦ナップ。これらは米や麦が原料であることは同じでも、白米や食パンとは違って茶色っぽく見える。

茶色っぽい穀物を主食にすると、食事のたびに食物繊維が腸にたっぷり送られ、腸内の善玉菌がこれをエサにして活性化。腸内環境が整えられて、太りにくい体に変わることができる。

次は、黒っぽい料理について考えてみよう。食卓に黒っぽい色を添える食材としては、ヒジキやワカメ、黒ゴマなどがあげられる。これらにはマグネシウムが含まれているのが共通点だ。

マグネシウムには腸内の水分を引き寄せる性質があり、便を軟らかくする。ヒジキやワカメをよく食べていると、便秘知らずのスムーズな排便習慣を手に入れられる可能性が大だ。

マグネシウムは日本人に足りない栄養素のひとつ。腸内環境が悪くて太っている人は、なおさら不足していることが考えられるので、黒っぽい食材を意識して多くとるようにしよう。

「菌活」で健康的にやせた人の冷蔵庫には、地元産の発酵食品が常備されている

健康な腸のなかでは、バラエティーに富んだ膨大な数の腸内細菌が活発に活動している。こうした腸内細菌をより活性化させるのが、やせている人が日ごろから実践している「菌活《きんかつ》」だ。

有効な菌が含まれている食品を食べると、その働きによって腸内環境が整えられ、脂肪が作られにくい体にすることができる。

菌活に欠かせないのが代表的な発酵食品の味噌。食品売り場には各地で作られた多彩な商品が並んでおり、普段は好みの味を買い求めているだろう。

しかし、腸のことを考えるのなら、自分あるいは両親の出身地で作られたものがいちばんだ。

人の腸のなかには、生まれた場所に多い菌が潜んでいる可能性が大きい。それと同

じ菌を補ってあげると、腸を効率良く活性化することができるのだ。

地元の直販所などに行って、手作り味噌などをチェック。自分の体に合った菌を手に入れてみよう。

part

8

やせられた人の「ダイエット」の習慣、ぜんぶ集めました。

ダイエットをはじめても、
途中で挫折する人は多い。
なぜ続けられないのか、
やせてる人の成功例を見れば、
その理由は明らかだ。

「1か月3kg減」を目指すと息切れするかも！ 成功するのは「1日100g減」と細かく刻む人

ダイエットをはじめようとする際、多くの人は目標を立てる。「週に1kg」「1か月で3kg」「3か月で10kg」といった具合だ。目標を持って、それに向かって取り組む姿勢は大切だが、「週」「月」といった長い単位で考えるのはやめたほうがいい。

着実に体重を落としていく人は、じつは短い「日」単位でやせようと試みる。長めのスパンで考えると、目標達成までに時間がかかることもあって、どうしても息切れしやすくなる。実行して長続きするのは1日50g、あるいは100gといったゆるく感じるダイエットのほうなのだ。

1日50gでもひと月で1・5kg、100gなら3kgの減量ができる。ゆるいように思えるかもしれないが、この程度で十分だ。体調などによって、順調に体重が減らない日もあるだろうが、一喜一憂し過ぎないようにしよう。

やせる人は体重を「折れ線グラフ」で記録。成果が一目瞭然で、やる気が湧いてくる！

ダイエット中は毎日、体重計に乗るようにしたい。しかし、表示される数値をただ眺めて、「昨日よりも0・5kg減った」「今日はあまり変化なしか」などと、ぼんやり思うだけではそれほど体重は減らない。

ダイエットに成功する人は、毎日の測定値を折れ線グラフで記録している。少し手間はかかるものの、大きな効果が得られるのでぜひ試してみよう。

折れ線グラフにするメリットのひとつは、体重の増減がひと目でわかることだ。いわば体重が「見える化」されるので、体重計を見るだけの方法と比べて、はるかに現状を正確につかむことができる。

真面目にダイエットに取り組んでいれば、おおむね、折れ線グラフは右肩下がりになるはずだ。グラフにつけると、前日から体重が減ったのが一目瞭然。このとき、脳からβ-エンドルフィンという神経伝達物質、別名「脳内麻薬」が分泌される。

β-エンドルフィンには高揚感や幸福感を湧き起こす働きがあり、分泌によって「やった！」という達成感に満たされる。このうれしさはやみつきになるほど強く、明日もまた頑張ろうという意欲につながっていく。

体重を一層「見える化」するため、グラフにはその日にあったことをメモしよう。睡眠を十分とった、よく歩いた、飲み会があった、仕事が忙しかった、残業で夕食が遅かった、といった出来事を記録していくうちに、どういったことが体重に影響するのかが見えてくる。増減する理由がわかれば、対策も立てやすくなる。

グラフはパソコンなどに数値を打ち込んで作成するのではなく、手書きで作るほうがいい。ペンを握って、目で確認しながら書き込むことで、体重の増減がより頭に入り、脳内にβ-エンドルフィンが働きやすい。

体重計に乗るのは朝起きたとき、帰宅したとき、入浴前など、毎日決まった時間に行うようにしよう。忙しければ1日1回でもいいが、できれば朝晩の2回、体重をチェックしてグラフ化すると、さらにやる気が出て効果的だ。

しばらく体重を減らすのは無理…と思ったら、体重チェックを小休止したほうがやせる

ダイエットを適切に行っていると、多少の増減はありながらも、だいたいは徐々に体重が減っていく。

そのはずではあるが、生活しているうちに、何かとアクシデントのようなものは発生する。たとえば、断れない飲み会が続いた、ストレスがたまって大食いしてしまった、残業が多くて夕食をとるのが遅い。こういった体重減少には決してつながらない出来事だ。

しばらくは体重が落ちなさそうと思ったら、最終的にダイエットに成功する人は体重計に乗らない。「また今日も減らなかった……」と落胆し、やる気がそがれてしまうからだ。見たくもない右肩上がりの折れ線グラフを作るとなおさらだ。生活がもとに戻り、無理なくダイエットができるようになったら、体重チェックを再開しよう。

チョコは禁止ではなく、1日1かけら。挫折しないのは我慢し過ぎない人

ダイエットをはじめると、好きなように食べることができなくなる。食欲が満たされなくて、イライラするときもあるだろう。

やせたい人の大敵がそういったストレス。うまくかわせない人は、スタートから短い間は順調でも、やがて体重を減らせなくなっていく。そして最後には気持ちが切れてしまって、やせるのをあきらめることが多いものだ。

一方、ストレスをうまくかわせる人は、ダイエット中でもそれほどイライラしない。自分の気持ちをコントロールしながら、体重を順調に減らしていき、首尾よく目標達成を果たす。

ダイエットを成功させるには、ストレスをためないことが肝心だ。では、どのように食事を制限すれば、イライラをあまり感じなくて済むのか。参考にしたいのが、ア

メリカのスタンフォード大学が出した結論。食べたいものを禁止すれば、1・5倍余計にほしくなるのだという。

あれはカロリーが高いからダメ、これも太るから禁止……こうして「食べてはいけない」と思えば思うほどストレスがたまり、その反動で「食べたい」という欲求がどんどん高まっていく。そして、やせたいという気持ちがストレスに負けて、ダイエットは失敗に終わってしまうのだ。

目標達成まで頑張るためには、食べたいものを我慢するのではなく、食べる量を控えるようにしたほうがいい。

チョコレートは1日1かけらなら食べてもかまわない、週1回はショートケーキもOK、ラーメンはいつも大盛りだったけど普通盛りにしよう。こういったようにすれば、好きなものをまったく食べられないわけではない。ストレスをそれほどためることなく、摂取カロリーを抑えられるわけだ。

ダイエットは何よりも続けることが大切。ストレスを上手にかわしながら、体重を減らしていこう。

「食べられないもの」ばかりだとイヤになる…。やせる人は前向きに「食べるもの」を決める

ダイエットで大事なのは「何を食べないか」だと思ってはいないだろうか。たとえば、ショートケーキやスナック菓子のような甘いものは食べない、脂身たっぷりの牛肉や豚肉は食べない、お酒を飲むときに揚げ物は食べない、といった具合だ。

こうした食べ方を続ければ、体重は減っていくだろう。しかし、最終的には成功しない可能性が大きい。カナダの研究では「食べないもの」に注目したダイエットの成功率は5％弱だったが、「食べたいもの」を決めた場合は66％が成功した。「何を食べないか」ではなく、「何を食べるか」を意識するほうが長続きさせるのに重要なのだ。

おやつは太りにくい冷凍ブルーベリーや高カカオチョコを食べる、肉はうま味たっぷりの赤身肉を食べる、お酒を飲むときは唐揚げではなく焼き鳥を食べる、といったように、食べるものを前向きに決める人がダイエットに成功しやすい。

「糖質制限」「カロリー制限」のどちらを選ぶ？ダイエットの勝者の意外な選択とは！

ダイエットにはさまざまな方法がある。昔から知られているのはカロリー制限ダイエットで、近年は糖質制限ダイエットがより注目されている。このふたつが現在のダイエットの主流といっていいだろう。

カロリー制限ダイエットは、トータルの摂取カロリー量を減らす方法。運動や基礎代謝などで消費されるエネルギーよりも、食事で摂取するエネルギーのほうが少ないとだんだんやせていく、という考えから行われる。

トータルの食事量を減らすのだが、同じ量でカロリーが最も高いものは脂質なので、脂っぽい食品や料理は特に減らすのが通常のやり方だ。

これに対して、糖質制限ダイエットは全体の摂取カロリーではなく、食べる糖質の量だけを減らす方法。体内に入った糖質はブドウ糖に変化して血液中に入り、その後、インスリンの働きによって肝臓や筋肉に取り込まれる。しかし、インスリンがさばき切れないで残ったブドウ糖は、脂肪として蓄えられることになる。この肥満のメカニズムから、糖質を可能な限り控えようというダイエットだ。

カロリー制限と糖質制限のどちらがいいかというと、明確な答えはない。

糖質制限のほうが比較的効果が早く出る、カロリー制限でたんぱく質も控えたら筋肉が落ちる、糖質制限は最初のうち頭痛やイライラ感が表れる人もいる、糖質制限はやめたときにリバウンドしやすい――。以上のようにいわれることもあるが、体質や食べものの好みなどによって向き不向きがあるので何ともいえない。

では、確実に体重を落とすにはどういうやり方で行えばいいのか。ダイエットの勝者になるのは、最初から決め打ちをしないで、とりあえずどちらも試す人だ。

カロリー制限と糖質制限を各1週間ほど交互に実行。毎日、体重計に乗って、どう変化するのかをノートにつけてみよう。数値だけではなく、体調や肌の張り、おなかの空き具合、感じるストレスなども書くといい。一定期間、試してみて、自分に向いていると思った方法を選べば、その後は無理なく進めることができる。

きついダイエットに耐えられない人には、夕方以降の「ゆる〜い糖質制限」がおすすめ

糖質制限ダイエットをしていると、何だか糖質はすごく悪者だという気になってくる。その心理から、ごはんやパン、麺類などをまったくとらないという、極端なやり方に走ってしまう人もいる。これは体調不良につながる危険なダイエットなので、決してやってはいけない。

体重を急に減らす差し迫った理由がないのなら、朝食と昼食は食事制限をしない方法もある。日中は食べたものが脂肪に変わりにくいので普通に食べ、太りやすくなる午後5時以降だけ減らすという糖質制限ダイエットだ。かなりゆるめだが、これでも少しずつ体重を落としていける人は多い。

ダイエットのスタート時は、こうした厳しくないやり方のほうが続けやすいかもしれない。ストイックになり過ぎると、息切れしてしまうことが多いものだ。

自分は飽きっぽい。こう自覚する人は、2~3日ごとに違うダイエット方法を実行

ランチに行って、今日もまたごはんや麺類を控えるのか……と気分が下がる。あるいは、買いものに行って、カロリーの低そうなものばかりを探すのが面倒くさくなる。せっかくダイエットをはじめても、なかなか成功しないのはこういう人たちだ。ストレスを感じやすいうえに、飽きるのも早いので長続きしない。

こうしたタイプだと自覚するのなら、ダイエットの仕方に変化をつけてはどうだろう。今週は糖質を制限して、来週は脂っぽい料理だけを避けてみる、といった具合だ。2~3日ごとに、異なるダイエット方法に取り組むのもいい。たとえば、肉や魚から食べる「ミートファースト」、ごはんはすべて「もち麦入り」、汁物は具だくさんの「おかず味噌汁」など、次々と方法を変えていくのだ。

ダイエットは何よりも続けることが大事。やる気を刺激する方法を考えよう。

体重が減らなくても全然悩まない。「リセットするか」と気楽に考える人がやせる

ダイエットをしても、体重は日々必ず下がっていくとは限らない。体調に変化があったり、仕事が忙しくて生活リズムが乱れたりと、どこかで壁にぶつかってしまうこともよくある話だ。

体重が下がらなくなった、あるいは逆に増加気味になったら、ダイエットに取り組むのがイヤになるかもしれない。こうしたとき、やせることに成功する人は、いったんダイエットをストップする。あきらめて断念するのではなく、明日からがスタートだと、気持ちを切り替えるのだ。体重を毎日、折れ線グラフで記録してきたのなら、そのグラフを捨てるのもいい。まっさらな状態でリセットしてみよう。

気持ちが乗らないのなら、少々休んでもかまわない。やる気が起こったら、再スタート。このくらいの軽い気持ちでいたほうが、結果的に成功することが多いものだ。

できない理由を聞くと、「でも」「だって」…
ダイエットに成功する人は言い訳しない！

ダイエットに成功してやせる人と、途中で挫折して太ったままの人。後者には前者にはない言動がよくある。できないことの言い訳が非常に多いのだ。

「だって、甘いものを補給しないと、脳が働いてくれないでしょ」「だって、食べものを残すのはもったいないもの」「でも、我慢し過ぎたらストレスがたまるし」「昨日はたくさん食べた。でも、今日からは食べないよ」……といった具合だ。

特によく聞かれるのが、いまあげたような「でも」「だって」からはじまる言い訳。「ちゃんと理由があるから、自分は悪くない」と主張したいのだろう。しかし、こういった姿勢で取り組んでいたら、ダイエットは絶対に成功しない。

言い訳するのはNG。自分のなかに逃げ道を作らないように、「でも」「だって」は禁句にしよう。

暑い夏、やせる人の風呂は熱めの湯。代謝を上げて、太りにくい体をキープ！

風呂は熱めではなく、ぬるめのお湯のほうが体にいい。副交感神経が刺激されて、心身ともにリラックスできるからだ。これが入浴の基本ではあるが、やせている人は暑い季節、体調を少し崩したときに違う方法も試している。

冷房に1日中あたったり、冷たいものをたくさん食べたりすると、代謝が悪くなることがある。そういったときには、お湯の温度をやや熱めの40℃から42℃程度に設定しよう。3分入浴したら、湯船から出て5分間休憩。このサイクルを3回繰り返せば、体が温まって血行が促進され、低下していた代謝を上げることができる。じっとしていてもエネルギーを多く消費し、やせやすい体に変身するわけだ。

注意点は、42℃を超える熱いお湯には入らないこと。汗をたっぷりかくので、入浴前に水を飲んでおくことも忘れないようにしよう。

ダイエットの勝者になる人は、キュウリを食べてスタートダッシュする！

カロリーが1本10kcal余りしかないのに、食物繊維やビタミンCは意外に豊富なキュウリ。やせたい人の強い味方として、おかずやお酒のつまみにぴったりだ。

とくにダイエットのスタート時、積極的にキュウリを食べるようにしたい。果菜でありながら、葉物野菜と同じ程度のカロリーしかないので、何本食べても太らない。その一方、食べ応えはけっこうあって、食べ過ぎを防いでくれる。こうした特徴から、キュウリをたくさん食べていると体重が減りやすいのだ。

ダイエットに取り組むうえで、とても大事なのはやる気。はじめのうちに体重を順調に落とすことができたら、快感を呼ぶホルモンが脳に分泌され、やる気がどんどん湧いてくる。まずは1週間続けて、毎日、キュウリを2、3本食べてみてはどうだろう。食べ飽きるころには、体重が目に見えて落ちているかもしれない。

白・緑・黄・赤・黒の「5色」がポイント。太らない人の食卓はとてもカラフル

ダイエットをしているうちに、体調を崩してしまう人がいる。そういった人の食卓には並ぶ皿の数が少なく、彩りに欠けているのではないか。一方、健康的にやせている人の食卓は、とてもカラフルなはずだ。

食卓が彩りに欠けている大きな理由は、使われている食材の数が少ないからだ。当然、栄養バランスが偏るので、体重が減っても体のどこかにしわ寄せが出てくる。たとえダイエット中でも、できるだけカラフルな食卓を目指すようにしよう。

ポイントは「5色」をそろえること。ごはんや芋、乳製品、白身魚などの「白」、野菜の「緑」、肉や赤身魚、トマト、ニンジンなどの「赤」、大豆や卵、柑橘類などの「黄」、海藻やゴマなどの「黒」。この「5色」があれば、健康的にやせられる。買い物のときにも、こうした色を意識するようにしよう。

太っている人は、やせている人に比べて、そもそも料理を多めに作っていた!?

家で食事中、料理がまだ残っているのに満腹を感じる原因はじつにシンプル。食べる量よりも、作る量のほうが多いからだ。太っている人は、やせている人に比べて、そもそも料理を多めに作る傾向がある。だから、満腹になっても「もったいない」気分が湧いて、つい食べ過ぎてしまうわけだ。

こうした食べ残しを防ぐには、使う食材の量に気をつけて、食べ切れる分だけを作るようにすればいい。

必ずレシピを見て、その通りに作っている人の場合、食材の量も調味料もすべて10%ほど少なくしよう。スーパーの総菜などを温めて食べることが多いのなら、買う量を減らす必要がある。ほしいものをカゴにいったん全部入れたのち、1パックだけ戻すのもいいだろう。

夜遅くまで起きている生活は太るもと。順調にやせていくのは「よく眠る人」

ダイエットに取り組み、着実に体重を落としていく人は、毎日、たっぷり眠ることを心がけている。睡眠不足は肥満につながると、さまざまな研究から明らかになっているからだ。

睡眠時間が不足すると、ホルモンの影響から食欲が増して太りやすくなる。それに加えて、夜遅くまで起きていると、夜食やお酒のつまみをつい食べてしまいがち。こうした生活を続けていて、やせられるわけがない。

いつまでも居間にいると、つい何か食べたくなったり、お酒がほしくなったりするものだ。夜は早めに寝室に移動するに限る。

ダイエット前の睡眠が7時間に足りなかった場合、30分早く布団に入ることを習慣づけよう。

やせてる人はお茶が大好き。カテキン効果で脂肪が燃えて減っていく！

やせているか、あるいは太っているか。両者の違いは、日ごろの当たり前の生活習慣によるところが大きい。あなたの身近にいるやせている人は、毎日、あなた自身よりもお茶をよく飲んでいるのかもしれない。

お茶は手軽な飲み物でありながら、じつは健康効果が非常に高いスーパードリンクだ。最も有効な成分は、ポリフェノールの一種であるカテキン。お茶独特の風味である苦みや渋みのもとになっているものだ。

カテキンは抗酸化作用が非常に高い物質。老化の大きな原因となる酸化を抑える働きをし、抗菌・抗ウイルス作用や認知症を予防する効果もある。

さらに近年、太っている人にとってうれしいことに、肥満を防止する効果があることもわかってきた。脂肪を分解する酵素を活性化することにより、肝臓などにつく厄介な内臓脂肪を減らしてくれるのだ。

加えて、糖の吸収をゆるやかにし、血糖値の急上昇を抑える作用も明らかになっている。いまある脂肪を燃やし、新たな脂肪が生まれるのも防ぐ。この複合効果をダイエットに活かさない手はない。

カテキンは緑茶だけではなく、紅茶やウーロン茶にも含まれている。好みのタイプのお茶を飲めばいいが、熱いお湯ほどカテキンが抽出されやすいという点を頭に入れておこう。緑茶の場合、熱湯で風味を引き出す番茶やほうじ茶などを飲むと、より高いカテキン効果を得ることができる。

ただ、カテキンの効果はそれほど長続きしない。飲んでから1~2時間で効果はピークを迎え、それから少しずつ効き目は低下していく。この性質から、まとめ飲みしても、あまり効果は得られない。数時間に1杯ずつ、こまめに飲むことにより、カテキンを切れ目なくとり入れるのがいいだろう。

カテキンを継続的に摂取すると、運動をしたときに脂肪が燃焼されやすいともいわれる。お茶を飲んだあと、ウォーキングする習慣をつけるのもいいかもしれない。

脂肪を燃やし、やせやすい体に変える。コーヒーが大好きなら太らない!?

やせている人はあっさりした料理に加えて、コーヒーも大好きかもしれない。

コーヒーの成分といえば、かつてはカフェインのみが一般に知られ、興奮作用などの悪い点がクローズアップされていた。しかし、近年はクロロゲン酸の持つ効能が明らかになり、健康飲料のひとつとして注目されるようになってきた。クロロゲン酸は抗酸化作用の高いポリフェノールの一種。脂肪を燃やすように働く作用もあり、やせたい人が見逃せない成分なのだ。

加えて、悪者にされがちだったカフェインにも、じつはダイエット効果があることがわかってきた。脂肪がエネルギーとして消費されやすいように働き、太っている体をスマートに変えてくれる可能性があるのだ。

毎日、コーヒーを2～3杯飲んで、ダブルのダイエット効果を利用しよう。

ポリフェノール＋カフェイン効果！やせてる人の秘密のドリンク「緑茶コーヒー」

お茶に含まれているカテキン、コーヒーのクロロゲン酸とカフェイン。いずれもダイエットに効く成分なので、毎日、ぜひ摂取するようにしたいものだ。とはいえ、両方をガブガブ飲んでいたら、おなかがタプタプになってしまう。

そこでおすすめしたいのが、やせている人がこっそり飲んでいる秘密のドリンク「緑茶コーヒー」だ。作るのは全然難しくなく、お茶とコーヒーを「1：1」で合わせるだけ。一度にコップ1杯ほどを飲むようにしよう。

この緑茶コーヒーなら、カテキンとクロロゲン酸のポリフェノール効果に加えて、カフェイン効果も利用できる。1日のなかで好きな時間に飲めばいいが、なかでも効果的なのが食事前。胃の中にある程度の水分が入ることにより、食べ過ぎを防ぐ効果も得られる。

2大ダイエット食の合わせ技、「おからヨーグルト」のススメ

太っている人に比べて、やせている人の腸内環境は良い傾向にあるはず。腸が健康だと消化・吸収がスムーズに行われ、毎日の排便もスムーズになる。

腸内環境を整えるには、乳酸菌と食物繊維をたっぷり摂取することが大切だ。そこで、どちらも豊富に含まれている「おからヨーグルト」をおすすめしたい。

腸内環境を良くすることがなぜ大事なのか、腸内細菌の働きから考えてみよう。

人間の腸内には約1000種類、100兆個にも及ぶ腸内細菌が棲んでいる。腸内細菌は大きく分けて3グループ。まずひとつは、有害物質を作って腸内環境を悪化させる「悪玉菌」だ。その増殖を抑えるのが「善玉菌」で、乳酸や酢酸などを作って腸内環境を酸性にし、腸の働きを活発にする。どちらでもない「日和見菌」は、悪玉菌が増えれば腸に悪い働きをし、善玉菌が増殖すると腸内を良好に保つように働く。

やせやすい体を保つには、善玉菌が優勢な環境にして、腸が十分働くようにしなければならない。腸内環境を整えるため、とても有効なのが乳酸菌をとり入れることだ。生きたまま腸に送り込むのがベストだが、届いたときに菌が死んでいても効果は上がる。死んだ乳酸菌は善玉菌のエサになり、その結果、腸内環境が良くなるからだ。

食物繊維も腸内環境を整えるには欠かせない。水溶性の食物繊維は善玉菌の好物なので、やはり腸内環境が整えられる。

乳酸菌が豊富な食品といえば、代表的なのがヨーグルト。一方、食物繊維は野菜や果物などから摂取でき、なかでも豆腐の絞りカスであるおからにたっぷり含まれている。腸内環境を整えるため、このふたつの食品を日常的に食べるようにしよう。

そして、さらに効果的な食べ方が、おからパウダーと無糖ヨーグルトを「4：1」の割合で混ぜる「おからヨーグルト」だ。

乳酸菌と食物繊維をいっぺんにたっぷり摂取でき、しかも胃の中で膨らむので腹持ちが良く、食べ過ぎも防いでくれる。時間がなくて忙しい朝や、小腹が空いたときのおやつなどにおすすめだ。

ヨーグルトとバナナはやせてる人の大好物。いっしょに食べると一層やせられる!

乳酸菌が豊富に含まれているヨーグルトは、腸内環境を整えるのに絶好の食品。さっぱりしていることから、ほかの食品と組み合わせやすいのもうれしい。なかでも、やせられた人のお気に入りはバナナと合わせる食べ方だ。

バナナには幸福感を呼ぶホルモン、セロトニンの材料となるトリプトファンが豊富に含まれている。セロトニンは腸で作られるため、ヨーグルトの乳酸菌効果で腸内環境が整えられると、分泌量を増やすことが可能だ。この仕組みから、バナナとヨーグルトを合わせて食べると、セロトニンが一層多く作られ、食べ過ぎを防いだり、睡眠の質を高めたりすることが期待できる。

ヨーグルトにバナナを加えると、ぐっと腹持ちが良くなるのもメリット。次の食事での食べ過ぎを防ぐ、間食をなくすといった効果も得られそうだ。

意識の高いやせてる人が実践している
米国発の「DASH食」も試す価値あり！

体重コントロールの上手な人が注目している「DASHダイエット」という方法を聞いたことはないだろうか。ダッシュを繰り返してエネルギーを消費しようとする運動療法ではない。「DASH食」といわれる食事を心がけるダイエットの仕方だ。

「DASH」は「高血圧を予防するための食事療法」を意味する英語の頭文字を取ったもの。米国立衛生研究所によって1997年に降圧効果が確認され、2009年になると日本高血圧学会の治療ガイドラインにも載るようになった。

この「DASH食」を使ったダイエットは、アメリカの栄養士や医師などが選ぶ食事療法のランキングで、2011年から8年連続で1位を獲得した。日本での知名度はそれほど高くないようだが、アメリカでは大人気のダイエット方法なのだ。

なぜ、高血圧を抑える食事がダイエットに効くのか。それはDASH食が低脂質・

低カロリーを基本としているからだ。

具体的には、脂身の多い肉やレバー、加工肉、高脂肪牛乳、バターなどの高脂肪食品を控え、さらに塩分と糖分を減らすことを提唱している。

加えて、食物繊維の多い大麦や海藻、カリウム豊富な野菜や果物、カルシウムたっぷりの牛乳や乳製品、野菜、豆腐、マグネシウムの多いナッツ類やゴマ、海藻を積極的に食べ、たんぱく質は鶏肉や赤身の肉、魚介類、大豆製品、牛乳などから摂取するようにする。

こうして避けたい食品、食べたい食品をグループ分けし、年齢や性別、活動レベルごとに必要なカロリーを摂取していく食事療法だ。なお、アメリカでは「主食」という概念がないので、ごはんやパンは副食のひとつとして少量を食べる。

正確に実践するのは少々ややこしく、食生活の違いもあって、日本人にぴったりのダイエット法とはいえないかもしれない。しかし、避けたい食品グループ、食べたい食品グループが持つ意味合いは同じだ。この「DASHダイエット」を試してみて、自分に合っていると思えば続けてみてはどうだろう。

ダイエットに成功した人の秘策は、食生活の見直し、プラス「漢方薬」

ダイエットの基本は食生活の見直し。これに加えて、漢方の助けを借りると、体重がよりスムーズに減っていく可能性がある。

数ある漢方薬のなかでも、ダイエットに成功する人がよく使うのは「人参養栄湯《にんじんようえいとう》」という薬。人参をはじめ、甘草《かんぞう》や陳皮《ちんぴ》、桂皮《けいひ》、地黄《じおう》など、12種類の生薬が含まれ、とても多彩な効能を得ることができる。

たとえば、黄耆《おうぎ》という生薬はアディポネクチンというホルモンを増やすように働く。ダイエット中の人にはうれしいことに、アディポネクチンには脂肪の分解を促す作用がある。黄耆が体に働きかけて、より多く分泌されるようになると、体重を落とすことが可能になるわけだ。

人参養栄湯を服用すると、体重増加を抑える機能を持つ神経伝達物質、オレキシンの分泌を促す働きも期待できる。ダイエットに有効なこの効能は、生薬の陳皮や甘草、茯苓《ぶくりょう》が持っているものだ。

また、ダイエットをすると、脂肪だけではなく筋肉が落ちることも多い。人参養栄湯には筋力低下を防ぐ人参と白朮《びゃくじゅつ》が配合されているので、そうしたデメリットを抑える効果も得られる。

人参養栄湯はドラッグストアなどで市販されており、値段も手ごろなので気軽に購入できる。副作用はほとんどないものの、ときに発疹やかゆみ、食欲不振などが起こる場合があることは知っておきたい。

体質にあっていれば、目に見える効果を得られる場合があるかもしれないが、これだけに頼るのはＮＧだ。

あくまでも食べる量を減らす、脂っぽいものは減らす、ミートファーストを心がける、といった食生活の見直しがメインとなる。漢方薬はそれをサポートする方法だと考えておこう。

part

9

太っている人のNG習慣、ぜんぶ集めました。

やせようと思っているけど、太っていくばかりなのには、はっきりした理由がある。ここでピックアップしたNG習慣をマネしてはいけない！

おなかが「キュ〜」と鳴るのを合図に、何かを食べようとする人は太る！

食事をしてしばらくたつと、おなかが「キュ〜」「グルグル」などと鳴るようになる。この合図をきっかけに、「おなかが空いた」と判断。そろそろ食事の時間になったと、料理のしたくをしたり飲食店に出かけたりする。これは太っている人にありがちな習慣なので、やらないようにしよう。

おなかが鳴ったときには、確かに胃はほぼ空になっている。ただし、次の食事を催促しているわけではない。十二指腸から「空腹ホルモン」のグレリンが分泌され、その働きによって、胃にある残りかすを腸に押し出している最中なのだ。いわば、胃の掃除中。このときに何か食べたら、消化活動に戻らざるを得なくなり、胃の働きが低下してしまう。

おなかが鳴っても、すぐには食べず、少し時間を置いて食事をするようにしよう。

服はぴったりサイズではなく、ゆるめばかりを買うからやせられない！

服を買う際、太っている人はゆるめのサイズを選びがち。着たときにピチピチに見えるのは恥ずかしく、動くのが楽ではないからだ。

しかし、余裕のあるサイズのものをいつも買っていては、なかなか体重を落とすことはできない。それどころか、もう少し体重が増えても着られそう……などと自分に甘い考えも浮かびそうだ。

スマートになりたいのなら、ややきつめのサイズの服も買うようにしよう。現時点では着られなくても、「この服を着たい」という希望がダイエットのモチベーションになる。首尾良く体重を落とせて、その服を着られたとき、脳内には「快楽ホルモン」のドーパミンがどっと分泌。大きな達成感と高揚感に包まれて、「よし、またダイエットを頑張ろう！」という前向きな思いが湧き上がるはずだ。

ごはんに加えて、肉も魚も控えてダイエット。これでは筋肉も減って太りやすい体に…

ダイエットを絶対成功させてやると、主食の糖質やカロリーの高い揚げ物などを制限。さらに肉も魚も少なめにして、食事全体のカロリーを抑える。こうした極端なダイエットをする人は、逆にどんどん太る体質になっていく。

カロリーをぐっと抑えたら、消費エネルギーよりも摂取エネルギーのほうが少なくなるので、当然、体重は順調に落ちていくだろう。しかし、こうしたダイエットで失われるのは無駄な脂肪だけではない。たんぱく質が不足することから、体を動かすのに必要不可欠な筋肉の量が減っていき、肌もカサカサ、ボロボロになっていく。

こうした間違ったやせ方をすると、ダイエットをやめたときのリバウンドも激しい。筋肉が減って基礎代謝が低下し、太りやすい体になっているからだ。ダイエットをするときにも、たんぱく質はしっかりとるのが鉄則だと心に刻んでおこう。

「糖質ゼロ」なら飲んでも太らない。こう誤解して、ごくごく飲む人は太る！

ぼくはビールの代わりに、糖質ゼロの発泡酒を飲んでいるから太らないよ……こう言って胸を張る人がいるようだ。しかし、本当にそれで太らずにいられるのか、はなはだ疑問というしかない。

もともとビールや発泡酒にも糖質は含まれているが、ごはんやパンなどと比べると、その量はひと桁少ない。100g中、わずか数グラムしか含まれていないのだ。糖質ゼロタイプに代えても、抑えられる糖質の量は気休め程度といえる。

そのうえ、アルコールの持つ中性脂肪や食欲増進効果は同じ。ビールや発泡酒の糖質をほんの少し抑えても、つまみをたらふく食べたり、シメにラーメン店に寄ったりすると、帳尻は全然合わない。むしろ糖質ゼロだからと安心し、飲み過ぎ食べ過ぎになりかねない。糖質ゼロを選ぶのはいいが、頼り過ぎないのが賢明だ。

好きなテレビや動画はグルメ系、フード系。観れば観るほど食欲が湧いてくる！

テレビはどういったジャンルの番組を観ているだろうか。ドラマやニュース、ドキュメンタリーが好きな人たちと比べて、料理や食べ歩きなどのグルメ系が大好きな人たちは、標準体重をオーバーしている割合が高いかもしれない。

観る人に「おいしそう！」「食べたい！」と思わせて、チャンネルを替えさせないのがグルメ系の番組作りの基本。そういった番組を好きな人なら、観ているうちに食欲が湧かないはずはない。そこで、ついお菓子に手が伸びたり、夕食はもう済ませたのに夜食を作ったりする。その先はいうまでもなく、体重増加の右肩上がりだ。

テレビ番組に限らず、最近はフード系の動画なども多い。やはり、これも体重を増やしたくない人には大敵で、食欲を湧き起こす引き金となる。やせたいのであれば、こうしたテレビ番組や動画は極力観ないようにしよう。

何かを食べながらのテレビや動画。「ながら食い」は肥満に向かって一直線！

映画館に行くとポップコーンを必ず購入し、大きな音を立てないように注意しつつ鑑賞する。これは毎日の習慣ではないので、もちろん肥満につながりはしない。

しかし、同じようなことを家でもしている人はいないだろうか。テレビや動画を観るとき、いつもスナック菓子などをそばに置いて、ポリポリ、ポリポリ……。こういった習慣があるのなら、太らないわけがない。

もっといえば、テレビを観ながら食事をするのもやめたほうがいい。「ながら食い」をすると、食事に集中できなくなってしまう。

何を口に入れているのか、どれほどの量を食べたのか、などがあやふやになって、気がつくと食べ過ぎていることがよくある。食べるときには、それだけに集中するようにしよう。

やせてる人にはない習慣が、家に食べものがあふれる「まとめ買い」

週末は必ず大型量販店へ出かけ、レジャー気分でまとめ買いするのが大好き。こういった習慣のある人は、スマートな体型はなかなか手に入らない。

まとめ買いをしているときは、気分がウキウキと高揚している。このため、本来は必要ではないものまで、つい買ってしまいがちになるのだ。

その結果、戸棚にはカップ麵やスナック菓子、冷蔵庫にはたっぷりの食材とペットボトル入りのドリンク類。まとめ買いする人の家には、食品があふれ返るようになる。すぐに食べものに手が届く環境で暮らしていて、太らないわけがない。

でも、冷蔵庫がスカスカなのは不安……こう思う人は、そこから意識を変えないと、いつまでたってもやせることはできない。何か食べたくても、すぐには食べられない環境づくりも大切だ。

海外のダイエット方法にすぐ飛びつく。欧米のセレブはやせても、自分はやせられない？

ダイエットには流行がある。最近、ときどき話題になるのは、海外のセレブや有名アスリートが行ったとされる方法。目を引く斬新なやり方もあり、飛びついてしまう人も少なくないが、あまり賢明な行動とはいえない。

現在、日本で主流になっているダイエット方法は、大きく分けて「カロリー制限」「糖質制限」のふたつ。体質によって向き不向きがあるので、とりあえず試してみないと、どちらが自分にとってより有効なのかはわからない。

日本人に実績のある方法ですらそうなのに、欧米人のダイエット方法が効くかどうかは謎だ。そもそも双方は遺伝子が違い、たとえば日本人はごはんを多く食べても太りにくい傾向にある。海外のダイエット方法を試すのはいいが、最初からのめり込んでしまうと体調を崩しかねない。この点をよく覚えておこう。

フルーツジュースは太らない、はカン違い！吸収後、肝臓で中性脂肪に変身してしまう

朝起きたら、ごはんの前にフルーツジュースをゴクゴクッと飲む。こういった習慣のある人は、とてもヘルシーだろうと自画自賛するかもしれないが、じつは大きな誤解をしている。フルーツジュースを毎日たっぷり飲むと、しだいに太っていく可能性が高いのだ。

悪さをするのは、果物に大量に含まれている果糖。とはいえ、摂取した果糖が血糖値を急上昇させ、その結果、インスリンがさばけなかった血糖が脂肪に変わるというわけではない。

そもそも血液中に入ってエネルギー源になる糖分、すなわち血糖とはブドウ糖のことで、果糖ではない。果糖は血糖値をほとんど上昇させないのだ。

では、なぜ果糖をとり過ぎると太ってしまうのか。果糖は腸に吸収されたあとで肝

臓に運ばれて、中性脂肪などに変わってしまうからだ。このメカニズムにより、フルーツジュースを毎日、大量に飲むのは好ましくない、ということになる。

果糖にはもうひとつ、肥満とは別の見逃せない問題がある。老化の大きな原因となる「糖化」を促す作用が非常に強いことだ。

糖化とは、体に入った余分な糖がたんぱく質と結びつき、熱が加わって劣化する現象をいう。体に炎症を起こし、血管の老化や生活習慣病、シミやシワなどの原因になる。全身の若々しさを失わせるのに、果糖はひと役買っているわけだ。

ただし、果物自体が悪者なのではない。食物繊維などの有効成分が多数含まれているため、健康に対する効果が十分ある。ジュースの飲み過ぎは良くないが、果物を食べる習慣をつけると、腸内環境が整えられて、だんだん太らない体になっていく。毎日、適量を食べるのがおすすめだ。

主な参考図書

●『内臓脂肪を減らす食べ方』（工藤孝文／日本実業出版社）
●『10万人がやせた今日からできる神やせ習慣』（工藤孝文／主婦と生活社）
●『医師が教える〝デブ腸〟を〝やせ腸〟に変える50の法則』（工藤孝文／学研プラス）
●『THEデブ脳』（工藤孝文／柑出版社）
●『ダイエットが上手くいかないのは、あなたのせいじゃない』（長沼睦雄・工藤孝文／笠倉出版社）
●『日本人のための科学的に正しい食事術』（西沢邦浩／三笠書房）
●『1週間で勝手に痩せていく体になるすごい方法』（栗原　毅／日本文芸社）
●『やせるのはどっち？』（中野ジェームズ修一／飛鳥新社）
●『世界一効く体幹トレーニング』（中野ジェームズ修一／サンマーク出版）
●『長生きしたければ「呼吸筋」を鍛えなさい』（本間生夫／青春出版社）

主な参考ホームページ

●厚生労働省…国民健康・栄養調査
●厚生労働省…e‐ヘルスネット　内臓脂肪減少のための運動／オリゴ糖
●文部科学省…食品成分データベース
●東北大学…健康的な日本食の健康有益性を検証
●自治医科大学…オキシトシン注射によって肥満症が改善

- 東京工業大学…ゆっくり食べると食後のエネルギー消費量が増えることを発見
- 日本カテキン学会…Q＆A
- 日本パスタ協会…パスタでヘルシーダイエット
- 保健指導リソースガイド…食料品の購入は空腹時を避けるのが得策
- FYTTE…冬にため込んだ脂肪や老廃物もすっきり！春は苦味野菜で体内デトックス
- 日経ビジネス…コーヒーで痩せる？ そのダイエット効果は？
- レタスクラブ…見るだけでやせる!?驚きの「鏡ダイエット」
- THE GOLD ONLINE…理想の身体を手に入れる「失敗しない」法則
- FRONTROW…有酸素運動は空腹時と満腹時どっちがいい？医師に聞いた、目的別の取り入れ方
- からだにいいこと…お腹の脂肪燃焼に！「お風呂」と「呼吸」でやせる5つの理由

人生の活動源として

いま要求される新しい気運は、最も現実的な生々しい時代に吐息する大衆の活力と活動源である。

文明はすべてを合理化し、自主的精神はますます衰退に瀕し、自由は奪われようとしている今日、プレイブックスに課せられた役割と必要は広く新鮮な願いとなろう。

いわゆる知識人にもとめる書物は数多く窺うまでもない。

本刊行は、在来の観念類型を打破し、謂わば現代生活の機能に即する潤滑油として、逞しい生命を吹込もうとするものである。

われわれの現状は、埃りと騒音に紛れ、雑踏に苛まれ、あくせく追われる仕事に、日々の不安は健全な精神生活を妨げる圧迫感となり、まさに現実はストレス症状を呈している。

プレイブックスは、それらすべてのうっ積を吹きとばし、自由闊達な活動力を培養し、勇気と自信を生みだす最も楽しいシリーズたらんことを、われわれは鋭意貫かんとするものである。

―創始者のことば―　小澤和一

監修者紹介
工藤孝文
1983年福岡県生まれ。福岡大学医学部卒業後、アイルランド、オーストラリアへ留学。帰国後、大学病院、地域の基幹病院を経て、現在は、福岡県みやま市の工藤内科で地域医療を行っている。専門は、糖尿病・肥満症・漢方治療。「ガッテン！」(NHK)、「世界一受けたい授業」(日本テレビ)など、テレビ番組への出演・医療監修のほか、ダイエット関連の著作も多い。日本内科学会・日本糖尿病学会・日本肥満学会・日本抗加齢医学会・日本東洋医学会・日本女性医学学会・日本高血圧学会・小児慢性疾病指定医。

「やせてる人《ひと》」の習慣《しゅうかん》、
ぜんぶ集《あつ》めました。
青春新書 PLAYBOOKS

2024年1月25日　第1刷
2024年5月30日　第2刷

監修者　工《く》藤《どう》孝《たか》文《ふみ》
編　者　ホームライフ取材班《しゅざいはん》
発行者　小澤源太郎

責任編集　株式会社プライム涌光
電話　編集部　03(3203)2850

発行所　東京都新宿区若松町12番1号 〒162-0056　株式会社青春出版社
電話　営業部　03(3207)1916　振替番号　00190-7-98602

印刷・三松堂　製本・フォーネット社

ISBN978-4-413-21207-6

青春新書
PLAYBOOKS

人生を自由自在に活動する——プレイブックス

「シンプル」な選択が自律神経を整える理由
小林弘幸
何を選び、何を捨てるか——たった1%の「迷い」があるだけで、自律神経は乱れる
P-1204

「老けない人」の習慣、ぜんぶ集めました。
ホームライフ取材班［編］
見た目も体も若々しい人は「何を」やっているのか？
P-1205

ダイエットしたい人のやせるキッチン
森由香子
理想の体型はキッチンを変えるだけでよかった
P-1206

「やせてる人」の習慣、ぜんぶ集めました。
工藤孝文［監修］
ホームライフ取材班［編］
食べてるのに太らない人の秘密とは？
P-1207